Seagull Books
横浜市立大学

001

ことばから観た文化の歴史

アングロ・サクソンの到来からノルマンの征服まで

宮崎忠克

東信堂

七王国時代のイングランド (700年頃)

※七王国はケント、サセックス、ウエセックス、エセックス、イースト・アングリア、マーシア、ノーサンブリアをいう。

出典) Michael Lapidge, et al. (eds.), *The Blakwell Encyclopaedia of Anglo-Saxon England*, Blakwell, 1999, Map 9.

はじめに

　イギリス人はいつ、どこから現在のブリテン島に渡ってきたのであろうか。彼らは大陸のどこに住み、どのような暮らしをしていたのであろうか。彼らイギリス人の先祖である古代ゲルマン人の文化、とりわけ彼らの生活についての詳細は、歴史の暗部に隠されあまり定かではない。遺跡の発掘によって、わずかながら光があてられる側面も見られるようになったが、時間の厚い壁は今なおこの分野の研究にとって大きな障害であることには変わりない。タキトゥスの『ゲルマーニア』、カエサルの『ガリア戦記』などを除くと、大陸時代の彼らの姿を我々に伝えてくれる文献はきわめて少ない。『ゲルマーニア』のなかで語られるゲルマン人の部族名も、5世紀半ば以降ブリタニアを侵略した3部族のうちアングル族を除くと、サクソン族、ジュート族と直接結びつく部族名はない。だが、大陸時代の彼らの実態はその一部がタキトゥスによって生き生きと伝えられたことは、きわめて重要な意味をもつと考えられる。この理由は、異教時代の彼らの生き方、考え方、習慣、風俗などが大きく変貌せずに、そのままブリテン島に持ち込まれた可能性が高いからである。本書ではアングロ・サクソン（人）という言葉が頻繁に用いられるが、今日よく使われる政治的意味合

いはなく、この名称は5世紀初期、大陸からブリテン島に渡来し、11世紀後半(1066年)にノルマン人によって征服されるまでのイギリス人の先祖を指している。

　本書は主として以下の点に配慮して書かれている。まずアングロ・サクソン人が異教徒からキリスト教徒へ転じる過程で、どのような人たちが改宗の流れをブリテン島に導入したか。次にイギリス人聖職者がどのようにしてキリスト教の伝導に貢献し、それがアングロ・サクソン社会に定着したか。さらにキリスト教がイングランドにおいてどのように大きく飛躍したか、これらの諸点を第1章で取り上げる。第2章以降ではさまざまな分野のことばに関連する問題を取り上げて論じる。ある場合には改宗前のゲルマン的特徴を留める問題に言及する。

　アングロ・サクソン人は大陸から隔絶された新しい島国で独自の文化を創造したが、中世を経て現代に至るイギリス人の歴史と文化を深く理解するには、出発点としてアングロ・サクソン社会の歴史と文化の形成及びその発展を知ることが不可欠と思われる。この発展は今日的に言えば、壮大な異文化交流の成果であり、とりわけ、この時代の初期には、アングロ・サクソン人は異文化、とりわけキリスト教を中心とした西洋文化の摂取に終始したが、この受容の成果は8世紀から9世紀にかけて、国内及び大陸で伝導に従事した学者、聖職者の輩出につながる。とくに8世紀前半にはビードが傑出し、イギリスはヨーロッパでも比類ない学問を築き上げ、後半に至ってアルクィンによってこの伝統が確立する。他のヨーロッパ諸国と同様に、キリスト教文化圏との交流が、今日のイギリスの形成に計り知れない大きな貢献を果たしたことは

言うまでもない。この意味で、キリスト教が、さらにまたラテン文化の諸相を表すどのようなことばが借用されイギリス社会に浸透したか、さまざまな文献、あるいは専門家の研究成果を手がかりにしてアングロ・サクソン文化の発展の軌跡を描き出せればと考えている。

　ここで、アングロ・サクソン、イングランド、イングリシュ、ブリテン、ブリティシュなどの用語について簡単に触れておく。アングロ・サクソンはゲルマンの部族名アングル族とサクソン族との合成語だが、『オックスフォード英語辞典』(以後 OED と略記)によると、Anglo-Saxons という用語自体は17世紀からの用法であることが分かる*。このことばは大陸からブリテン島に移住した部族を総称として指すためにしばしば用いられる。『アングロ・サクソン年代記』(以後、『年代記』と略す)によると彼らは紀元449年、ブリテン島に渡来した主要な部族で、アングル族は今日のイングランド中部からハンバー川以北、ファース・オブ・フォース入江までのノーサンブリア地方に定着した人々を指し、彼らの土地は当時の言葉で *Engla land*「アングル族の土地」と称され、この両語が一つになって現代英語のEnglandとなった。

　タキトゥスは(『ゲルマーニア40章』)、アングル族を *Angliī-*(通常のラテン語複数形は*Angli*)と称しているが、これは彼らの故郷が今日のドイツ北部、北海沿岸の都市シュレスヴィヒとの関連を示唆している。すなわち、ラテン名*Anglus*はゲルマン語の想定形*Angli-*

---

*アングロ・サクソン時代、Anglo-Saxons の意味は大陸のサクソン人と区別してイギリスのサクソン人、イングランドのサクソン人を指して用いられた。詳しくはOEDを参照。。

からの借用で、この語源は angle「釣針」の意味である。語源辞典によると、シュレスヴィヒ地方が地形的に釣針状の形をしていることから、その地域が *Angul* (今日のドイツ語名は *Angeln*) と言われ、さらにこの土地の人々が *Angli* と呼ばれるようになったのである。この想定形 *Angli-* から古英語 *Engle* が生じ、折尾辞 *-isc* (>ish) と結びつき今日の English が形成された。いずれにしても、言語的には、アングル族の故郷はシュレスヴィヒ地方と関係のあることを示している。

　一方、サクソン族の故郷を明確に特定することはできないが、プトレマイオスは彼らの出身地を今日のホルシュタイン地方と位置付けている[1]。このように、アングロ・サクソン人の出身地が北海沿岸のドイツとデンマークとの国境地帯周辺であることはほぼ間違いないと思われる。彼らはそこから北海を越えてブリテン島に渡来したのである。サクソン族はイングランドの南西部地方に移住した後、南及び西サクソン王国を形成し、アルフレッド大王の時代にイギリスを統一してサクソン王朝の礎を築いた。この時点で英語は統一国家の言語として、ウエスト・サクソン語あるいはサクソン語と呼ばれても不思議ではなかったが、ブリテン島のサクソン方言、アングリアン方言、ケント方言を総称して、「イングランド(の住民)の」、あるいは「アングル族の」という形容詞 English (古英語 *englisc*) が名詞「英語」に転用された。この理由は、形容詞 *englisc* には集合的に「ゲルマン民族の」という意味を表す用法が、初期に存在していたことに基づく。「アングル族」もまた「ゲルマン民族の集合体」の意味で総称的に用いられた。歴史的に言えば、イングランドはウエールズ、スコットランドと同様にブリテ

ン島の一地方名であるが、今日では俗に「英国」あるいは「イギリス」の意味で用いられている。ローマ人がこの島に与えた名称はブリタニアだが、この語はオロシウスの『万国史』[2)]に初めて用いられている。一方、ブリテンは、プラマー編『二つのサクソン年代記』の序文に Breten として初出例があるので、この語は9世紀の後半には広く用いられていたのだろう。ここで Britain の語源について触れると、『イギリス諸島地名辞典』(A. ブルーム編)ではすでに紀元前4世紀にはギリシャ人によって Prettanoi と記録され、「入れ墨をした人々」の意味と説明されている。このギリシャ語の Pr- は印欧語の語根としてラテン語の curtus (cut) とおそらく関連があり、Pr- はケルト語の影響とされている。ブリトン族を表すラテン語は Picti であったが、これは今日我々がピクト人 (cf. picture) としてその名を知る北方のケルト系民族である。現代の綴り Britain は12世紀末か13世紀初頭に古フランス語からの借用語だが、この語はラテン語 Britannia からの借用である。ギリシャ語からラテン語へ適用された段階で、前者の語頭の P- が後者では B- に変えられた。ブリトン人が、アングロ・サクソン族に追われて逃げのびたフランスのブルタニュー地方 (Bretagne) も、語源上ブリテンと関係があることは明らかである。なお、今日、Great Britain「大ブリテン島」という呼び名もあるが、この語は上記のイングランド、スコットランド、ウエールズを含む名称で、OEDによると1548年ヘンリー8世が没した直後に初出する用語である。したがって、英国の正式名称は「大ブリテン島及び北アイルランド連合王国」(the United Kingdom of Great Britain and Northern Ireland) であり、略して U. K. と呼ばれている。ブリテンの形容詞ブリティシュ (British) はかつては

「ブリトン人(の)」意で用いられた。

　以上のように扱う問題は広範囲に及ぶが、イギリス社会初期の社会と生活の一端が多少なりとも浮き彫りにされるならばと思う。この意味で本書は特定の専門家のためではなく、アングロ・サクソン時代の文化に広く関心のある人々を念頭にして書かれたものである。著者は英語史、とくに古英語を学ぶ者であるから、本書の大部分の内容は、現存する資料や、これまで折に触れて読んだ古英語の文献及びそれに関連する研究書、論文等に準拠している。本書の記述は目次で示されるように体系的文化史を意図したものでなく、資料に基づき、著者の専門の立場からの記述、とりわけ古英語の用語に関する記述が相対的に多くなったことを付記しておく。ただし古英語をそのままの形で引用することは、一般の読者には不適切なので、現代英語に語形が残る場合には原則として現代英語を記すが、必要な場合は古英語と現代英語を併記する。

　カナ書きの表記は以下のように扱った。ギリシャ語あるいはラテン語の人名は、今日一般に使用されているカナ書きに従い、例えば英語訳の Pliny はプリニウスとし、また翻訳の書名のカエサルを除いて他はシーザーとした。さらにローマから派遣された人物で、今日では英語化した人名はこれに従う。古英語の人名、地名は当時の発音に準じ、例えば、*Æþelbert* はエゼルベルト、*Medeshamsted* はメデスハムステッドのように記した。だが、今日の辞典で現代英語の発音標記が示されている場合には、原則的にこれをカナ書きとした。例えば、Bede はビード、Iona はアイオウナと表記した。

　以下の記述でしばしば現れる専門用語等について述べておく。

古英語(Old English, 以下 OE と略記する場合もある)はアングロ・サクソン人がブリテン島に渡来した5世紀の前半からノルマン人のイングランド征服後の1100年頃までの英語を指す。もっとも古英語が文献に表されるのは7世紀末頃からである。中英語とは1100年頃から1500年ぐらいまでの英語を指し、近代英語とはそれ以降の英語のことである。とくに古英語の単語では g の上に便宜的に点(ドット)が、あるいは母音の上に長音記号(マクロン)が付されたりする場合がある。前者は半母音のイを表し、したがって *gēar* (year) はイエーアルと読む。アングロ・サクソン時代、発音は現代英語のそれと大きな違いがあり、g を上で指摘したように読む場合があることを示したに過ぎない。同様に c を /チ/ と読むことがある。とくに古英語の人名のかな書きで疑問が生ずるのも当然と思われるので付言しておく。点や長音の記号は表記上の便法に過ぎず、写本の単語に付された印ではない。

　なお、本書で頻繁に引用される作品には略語あるいは簡略した表記が用いられるので説明しておく。ビードの『イギリス国民教会史』は、出典の典拠を含めて B. コルグレーブおよび R. A. B. マイナーズ編のテキストに従う[3]。この作品を文中ではたんに『教会史』と記す場合もある。D. ホワイトロック編『英国歴史文書第1巻』[4]も略して『歴史文書』とする場合がある。その後に記される数字は同書に示されている資料ナンバーを表す。『年代記』は、いくつか写本があるので、『年代記(A)』、『年代記(E)』など、習慣に従って記される場合がある。その他の事例は本文中で簡単に説明する。

　2000年12月1日

宮崎　忠克

ことばから観た文化の歴史／目　次

はじめに …………………………………………3

第1章　キリスト教の伝来と浸透 …………15

1　アングロ・サクソン到来前のブリテン島 ………15
2　ブリトン人とキリスト教 ……………………21
3　アングロ・サクソン人とキリスト教 …………26
  (1) キリスト教導入の初期　26
  (2) イングランド北部——人と活動　28
  (3) ヨークのキリスト教と学校　35
  (4) カンタベリ——人と活動　44

第2章　命名法と地名の由来 …………………52

1　頭韻と命名法 …………………………………52
2　名前の意味 ……………………………………56
3　叙事詩『ベーオウルフ』の人名 ………………58
4　Ing の意味と伝説のイング ……………………61
  (1) Ing の意味　61
  (2) 伝説の Ing　63
5　地名の Ing ……………………………………64
6　地名の特徴と語源 ……………………………65

第3章　ことばの諸相　………………………74

1　地位、身分などを表すことば……………74
2　技術、学問を表す用語………………77
3　キリスト教用語の導入と古英語の転用　………80
4　色彩を表すことば………………82
5　失われた詩のことば………………89
6　薬草のことばと効能………………93

第4章　法律の用語　………………102

1　エゼルベルトの法典(602-03？年)　…………104
2　ウエスト・サクソンの法律　………………107
（1）イネ(688-94年)の法典　107
（2）アルフレッドの法典　109

第5章　アングロ・サクソンの月名、及び曜日と地名　………115

1　月　名　………………115
2　曜日と地名の由来………………124

第6章　世俗の詩　………………129

1　まじない詩………………129

2 謎　詩(Riddles)……………………………136
 3 二つの詩 ………………………………142
　（1）『人の運命』　142
　（2）『人の才能』　145
 4 吟遊詩人ウイドシースと竪琴 ………………148

注………………………………………………152
参考文献 ………………………………………157
あとがき ………………………………………163

ことばから観た文化の歴史

―― アングロ・サクソンの到来から ――
ノルマンの征服まで

第1章　キリスト教の伝来と浸透

1　アングロ・サクソン到来前のブリテン島

　有史以前のブリテン島にいかなる人々が住んでいたか、これも歴史の深い闇に隠されているが、考古学的には、紀元前4000年頃、つまり新石器時代の初期に、ブリテン島南部に住み着いていた人々は、ウイルトシャー州の彼らの居住様式から「風車が丘の人々」と呼ばれ、長頭の遊牧民であったと言われている。その後、紀元前2500－1700年に「ビーカー作りの人々」が、今日のドイツ周辺から侵入して先住民を駆逐したようだ[1]。彼らがビーカー作りと名付けられたが、それは埋葬場所から発掘された陶器類からこのように称されている。彼らの到来後、ブリテン島の「青銅器時代」が始まるが、これは埋葬品のビーカーのなかに銅と青銅の製品が収められていたからである。

　ソールズベリ平原には、この時代の数多くの埋葬塚の存在が確認されている。ストーン・ヘンジ(Stone Henge)の遺跡は、かなり進んだ文化を有した民族が存在していたことを予期させる。今日、このストーン・ヘンジは一定のある時期に作られたのではなく、いくつかの時代の特徴を示しながら、現在の形が形成されたと考えられている[2]。したがってこの石柱遺跡(henge)はそもそも火葬

墓地であったとされるが、その後太陽崇拝と結び付けられたり、あるいは天体観測のために建設されたというように、さまざまな憶測がなされている。青銅の武器や道具を手にしたこの時代の人々が、宗教的儀式を執り行うためにあの列柱群を建立したという推測は、真実を表しているように思われる。だが、現在でも定説はないようだ。いずれにせよ、地域的な分布状態は異なるが、環状の堀と堤の遺跡はブリテン島全域に分布し[3]、ストーン・ヘンジは環状列柱の代表的遺跡である。紀元前1000年頃から、ブリテン島南部では後期の青銅器時代が始まったとされ、この時期に青銅の精錬技術が進歩し、長い槍、剣のみならず、家庭用の道具にも青銅が利用されるようになったらしい。この時代、ヨーロッパ大陸ではケルト人が鉄の利用術を会得し、彼らはラテーヌ (La Tene はスイスのヌーシャテル湖東岸の地名)文化と呼ばれる優れた鉄器文化をもつようになった[4]。この鉄の文化を有するケルト人が、ブリテン島を侵略したかどうかについては、さまざまな議論がある。だが、ブリテン島のラテーヌ文化の遺物は、グラストンベリの湖畔にある村落とサマーセット州のミア (Meare, cf. OE *mere* 'lake')から出土されていると指摘されている[5]。ピートの土壌によって保護されてきた品々は、住民が生産したり、輸入したもので、青銅のブローチ、腕輪、鏡、鉄製の武器、家庭用品があった。この土地に住民が居を構えていた時期は紀元前3世紀から1世紀末と言われる。

　紀元前100年頃にゴールにいたベルガエ族(ゲルマンの血筋を受けているケルト人)が現在のイングランド南東部に到来する。彼らのなかの最も強力な集団はカトゥヴェラウニ族で、首都は今のセン

ト・オールバンズの北、ウイートハムステッドにあったと推定されている。その後ブリテン島の各地には部族単位でケルト人が入植したようである。当時、南東部にいたベルガエ族は、ゴールやブルタニュー地方と交易を通してかなり接触があった。この通商によってゴール・ベルギー (Gallo-Belgic) の金貨がこの地に入ってきたために、ブリトン人は初期には銅、鉛、錫の合金による貨幣を、やがては金、銀、銅の貨幣を発行するようになった。ブリテン島における彼らの文化、経済、宗教、芸術などについては文献に基づく記録が乏しく、もっぱら発掘された出土品がおもな情報源である。シーザーはとくにガリアの僧侶 (ドルイド) について記している[6]。だが、ウエールズ、アイルランドのドルイド教に関する言及は時代的にはかなり後になってからである。そのため、ブリテン島のドルイド教がどのような宗教であったかは、おもにギリシャ、ラテンの著述に負うもので、ビード自身ドルイド教については何も言及を残してはいない*。

次に、歴史にブリテン島の名が現れた時期からアングロ・サクソン人の侵略までのこの島を巡る情勢を概観する。ヨーロッパ大陸の北方に位置する霧深いこの小島を、歴史の舞台に登場させたのは、紀元前55年、当時のローマ皇帝ジュリアス・シーザーの同島侵略による。ローマ人は同島をブリタニアあるいはアルビオンと称していた。シーザーが何故、この辺境の地の侵略を計画したのだろうか。ゴール征服後、ブリテン島とゴールの繋がりの強さ

---

*プリニウス『博物誌 VII』(ロエッブ古典叢書) 24巻、103節に「ガリアのドルイド僧」という表現が見られる。

を知っていたシーザーは、ゴールの安全確保のためにはブリタニアの脅威を排除する必要があったと言われる。この島の住民はケルト系のブリトン族で、彼らの言語はケルト語派のブリトン語で、ローマ人の言語、つまりラテン語と起源は同じ印欧語族に属している。だが、このケルト語の流れを汲む言語は、今日のアイルランド、ウエールズ、ならびにスコットランドの高地や周辺の島々に残っているに過ぎない。当時のケルト語の痕跡は地名では、ロンドン、ドーバー、エクセター、河川名テムズ、エイボン、ディーなどに認められる。「イギリスの屋台骨」と称されるペニン山脈は、記録に現れるのが18世紀になってからだが、ケルト語の *pen* あるいは*penn*「岡、頭」に由来すると考えられている。

　ゴール征服（BC 58−55年）によりブリテン島への足掛かりが得られると、シーザーは紀元前54年、前年の経験を生かして本格的にブリトン人の制圧に乗り出し、ベルガエ族の首都を攻撃し王に和睦を請わせた。だが、ゴールの政情不安の知らせで、シーザーはブリテン島を離れた。この後1世紀間、ローマによるブリテン島に対する弾圧的支配は行われず、このためゴールからはローマ文化が浸透するようになり、ブリテン島は次第にローマ帝国に組み込まれる時代を迎える。だが、西暦2世紀になるとブリテン島の北部に住み着いていたピクト人やスッコ人の南下が始まり、これに対抗して当時のローマ皇帝ハドリアヌスは、西暦122年頃、今日のイングランド北部西海岸のボウネスから、東はウイルセンドに至るまでの、総延長約120キロに及ぶ防壁を築かせた[7]。この防壁は部分的に現代まで残り、「ハドリアヌスの防壁」の名で知られている。当時のロンドンを起点としていわゆる「ローマの軍道」が

ブリテン島を走り、その痕跡もまた今日いくつかの都市に見られる。ローマの属州の一つとなったブリタニアにはローマの軍団が駐屯し、その名残を今日のイングランドのいくつかの地名に留めているが、その代表的な都市名はチェスター、コルチェスター、マンチェスター、ウスター、ドンカスター、シルチェスターなどで、原語の第二要素 -chester (-caster, -cester) はラテン語 castra「軍団の駐屯地」に由来する。

　征服者となったローマ人とブリトン人との関係が必ずしも平和な共存状態として継続しなかったことは、紀元61年のボーデシアの反乱などでも知られる[8]。ブリトン人の政治や社会制度などについては判然としないが、ブリタニアで軍務に服し、やがて退役して定住したローマ人の生活の一端は、往時のコルチェスター(ラテン名 Camulodunum)の発掘からも推測できる。それによると、この町はローマを模して建てられ、ローマ皇帝クローディアスを崇拝する神殿や、広場、劇場の跡が確認されている[9]。公衆浴場や学校なども整備され、平穏な市民生活が営まれていた様子が窺える。313年ローマでキリスト教が容認され、やがてブリテン島に伝来することになる。5世紀前半からブリトン人の雇兵として大陸のゲルマン人がすでに散発的ではあるが、ブリテン島に渡来していた形跡があると指摘されている。傭兵を招致した背景にはローマ存亡の危機に際してブリテン島に在留するローマ軍の勢力不足があったのであろう。『年代記』には次の一節が見られる。

　443年　この年、ブリトン人はローマに人を送りピクト人に対抗する援軍部隊の派遣を要請したが、ローマ人はフン族

　　　　の王、アッチラと戦っていたので、ローマでは援軍をまっ
　　　　たく得られなかった。するとブリトン人はアングル人に
　　　　人を送り、アングル人の諸侯に同じ要請をした。

　上記の文献に現れたブリトン人による援助要請は、彼らが大陸のゲルマン人との最初の正式な接触だったが、ブリテン島の征服に繋がる重大な誤算となることを彼らはまったく知る由もなかった。ブリトン人の王はヴォーティジャーンと呼ばれ、当初、この王は救援要請の使者をアンゲルンに派遣したが（『年代記(E)449年』）、やがてゲルマン民族の3部族、すなわち、アングル族、サクソン族、ジュート族がピクト人と戦うために渡来する結果となる。この3部族の総指揮官がヘンギスト（HengistあるいはHengest）[10]とホルサ（Horsa）という名の兄弟であったことが記されている。

　ヘンギスト（あるいはヘンジェスト）とホルサというゲルマン人指揮官の名はともに「馬」の意味で興味深い。前者は他の文書にも見られるが、ホルサが実在の人間かどうかは他に記録がないために伝説的な人物の可能性もある。やがてこの両者は彼らを招いたブリトン人に反旗を翻して戦い、ホルサは戦死する。以後1世紀以上にわたり、大陸からゲルマン人がブリテン島に渡来し、各地でブリトン人との戦闘が繰り返された。ついにブリトン人は今日のウエールズやコーンウオール地方に逃れ、あるいは、対岸の北西フランスのブルタニュー地方に落ちのびた。ブリテン島のこの間の事情はギルダスによって「ローマ人が（ブリテン島から）いなくなるや否や、ピクト人とスコット人は真昼の暑さで、みみずが穴から出てくるように、カヌーから降り、急ぎまた上陸するのだ」

あるいは「敵は我々同胞を羊のように屠殺した」[11]と伝えている。一方、年代記作者は「ブリトン人は燎原の火から逃げるように、イギリス人から逃げのびた」と記している(『年代記(A)』473年)。

なお、ピクト人は、『年代記』にもしばしば登場するが、7–8世紀にはノーサンブリアのアングル人と共存していた時代もある。スコット人はケルト系の人種でゲーリック語(Gaelic)を話し、今日ではスコットランドの高地地方の住民を指してゲール人と呼ばれている。このゲーリックという語はまた人名にも用いられるが、その語源は未詳である。

上で述べたゲルマン人の来住は記録に基づくものだが、今日では、彼らのブリテン島への到来は、記録に現れる以前からすでに散発的に行われていたことが指摘されている。墓地の発掘による出土品の研究によってこの間の事情がさらに明らかになると期待されるが、とりわけ、4世紀中頃のアングロ・サクソン人の墳墓跡と定住地の分布は、当時すでに彼らが地域的にある程度の共同体を形成し、ローマ軍の傭兵として存在していたことを示すと考えられている[12]。このような事実を考えると、記録に示される以上に、彼らの渡来の過程は複雑な面を宿しているようだ。

2　ブリトン人とキリスト教

アングロ・サクソン人が到来する以前、ブリテン島のキリスト教化はどのように進められていたのだろうか。ローマ占領時代はローマ人とブリトン人との闘争が繰り返された。当時、セント・オールバンズの町はヴェルラミウム(Verulamium)と呼ばれていた。

紀元61年ボーデシア(Boadicea)の反乱でローマ人の支配者たちは殺害されたが、十分な戦力をもたないブリトン人は、結果的にはローマ軍に制圧されてしまった[13]。破壊されたこの町は後に再建されたが、およそ4世紀後、サクソン人によって再び荒廃の運命を辿ることになる。アングロ・サクソン人の到来以前、ブリトン人はすでにゴールのキリスト教の影響を受けて修道院を築いていた。ケルト人の修道院のいくつかは規模が大きく、バンゴールの聖コムガル、クロムフェルトの聖ブレンダンなどはそれそれ3000名の弟子と共同生活をしていたと言われる(『教会史 巻ⅱ、2章、脚注3』)。ギルダスの「神を恐れぬサクソン人」という表現には、ブリトン人のキリスト教信仰が確実に定着していたことを物語っている。

　ビードはウエールズのバンゴールの修道院から7名のブリトン人司祭たちと多くの学者が聖オーガスチンの招聘によって宗教会議に出席するためにイングランドを訪れたことを伝えている。議題は主としてローマ教会とアイルランド教会との間に生じた復活祭の日取りに関する調整であった(『教会史 巻ⅰ、2章』)。リチャード・モリスもまた「5世紀のブリテン島はキリスト教の活発な指導者と思想家とを生み出していた」と述べている[14]。アイルランドの守護聖人となったパトリックは4世紀の後半から5世紀前半にかけて、おもにブリトン人のなかで布教し、多くの教会の建設に貢献したと言われている。モリスはブリテン島への訪問者として5世紀にはゲルマヌスを挙げているが、6世紀になるとコロンバは海外で布教活動に従事した。一方、モリスは国内ではイルド*、

＊この人物IlludはIllydとも呼ばれている。

ギルダス、サムソン、ヴィニアンの名を挙げているが、アイルランドからブリテン島に渡来した修道僧も多かったに違いない。セント・オールバンズは当時ブリトン人の町だが、この地で304年アルバヌスは自らをキリスト教に開眼させてくれた司祭アンフィバルス（Amphibalus）を匿(かくま)ったかどで告訴され、同年6月22日殉教したとされる。この司祭の名は後にジョフリ・オブ・マンモスがギルダスの作品の言葉を誤読した結果、与えられた名前らしい[15]。聖アルバヌスの経歴については不明の点も多く、ビードは彼について次のように記している。

　祝福を受けたアルバヌスはヴェルラミウムの町の近くで6月22日死を受けた。この町に平和な時代が再来すると、素晴らしい出来栄えの教会が建てられ、彼の殉教の立派な記念物となった。今日まで病める人々はこの場所で救われ、奇跡が繁く起こりその町に名声をもたらし続けているのである（『教会史 巻ⅰ、7章』）。

初期アイルランド教会がアングロ・サクソンの侵略後、ブリテン島北部で果たした役割は決して無視できぬが、初期の聖職者が具体的にどのような足跡を残したかは判然としない。紀元304年にアルバヌスは殉教したが、この事件はコンスタンチン皇帝によって313年、キリスト教が公認される直前の時代であるから、アルバヌスの殉教がローマからの指示に従ったキリスト教徒迫害の一環として行われたのかどうか、ギルダスは彼の著述のなかでは、「暴君ディオクレチゥスの9年間の迫害」と明言している。だが、これは議論が分かれる問題である。ローマとの交易により、

あるいは当時のブリテン島やゴールとの交流によって、キリスト教は4世紀、すでにアイルランドに伝えられた可能性が高い。

　431年、ローマ教皇セレスチン1世（在位422-32年）がパラディウスを初代の司教としてアイルランドに派遣し、先に述べたセント・パトリック（c390-c460年）がアイルランドに赴いたのは435年頃と推定される。当時のアイルランド国内では、すでにキリスト教化がかなり浸透し、それに伴う教会の組織化も進んでいたと思われる。当時ゴールの教会は西方の教会で最も組織化が進んでいたと言われ、セント・パトリックは、オセールで長年教育を受けた後、司教に叙任されアイルランドに派遣されたとされている[16]。当時、フランスのリヴィエラ地方の沖合にある小島、レランの修道院には、ゴールのローマ人やブリトン人も、この島に禁欲的修行を求めて集まっていた。この修道院運動は4世紀にエジプトで起こったが、急速にゴール、ブリテン島、アイルランドへ伝えられることになった。パトリックがアイルランドの教会に伝えたのはこのようなキリスト教だった。同じ影響は、当然ブリトン人の教会にも及んだ。いつパトリックがブリテン島に来て、グラストンベリの修道院長になったかは明確でない。おそらく、これは後の伝説によるのであろう。だが、グラストンベリは古くからアイルランドと交流があったので、パトリックとの何らかの係わりが予想され、今日でも新たな考察が行われている。ビードはこの地の修道院については何も記述を残してはいない。

　もう一人の聖人デイヴィッドは、ウエールズのメネヴィア（ペンブロウクシャー州）修道院を設立したと言われ、現在のセント・デイヴィッド聖堂は彼の名前に因む。この聖人（601年頃没）につい

ても正確なことは、ほとんど知られていない。だが、12世紀以来ウエールズの守護聖人として崇められ、11世紀末の伝記によると、彼は12の修道院を建設し、その一つにグラストンベリが含まれていたと言われる[17]。

アングロ・サクソンの侵入後、ブリトン人との戦闘を記録した『年代記（A）』457年の記述は、さながら旧約聖書の『列王伝』を思わせるように、ブリトン人の戦死者数を4000人と記録している。ケルトの伝説に基づくアーサー王物語は、アングロ・サクソン人とブリトン人との戦闘で活躍した英雄、例えばブリトン人の指揮官アンブロシャス・アウレリゥスのような人物に因んで生まれたものだろう。だが5世紀のブリテン島の実態を示す資料は乏しく、同上のギルダスの作品が、アングロ・サクソン人の襲撃を受けた、当時の暗い社会の一面をわずかにかいま見せてくれる。ギルダスの作品にはアーサー王の名前は記されてはいない[18]。ギルダスはローマの支配を称賛し、ラテン語を「我々の言語」と称しているが、彼が時の権力者にきわめて批判的であったことが、次の一文からも推察できる。「すべての顧問たちは、ブリトン人の王、傲慢な暴君グルスリゲルン（ヴォーティジャーンのこと）とともに、あまりにも先見の明がなかったので、神と人の両者にとって、憎むべき民族、凶暴にして神を恐れぬサクソン人を彼らの国を守るために招いて、国の運命を定めてしまったのである」[19]。ギルダスのこのことばから彼の信仰の一端を窺い知ることができるだろう。さらにブリトン人の運命について、「哀れにも残された人々のなかには、山中に連れ去られ、殺害された人もかなりの数だった」[20]と記されている。

26　第1章　キリスト教の伝来と浸透

3　アングロ・サクソン人とキリスト教

(1) キリスト教導入の初期

　イングランド北部におけるキリスト教の布教は南部に比べて一足早く進められていた。アイルランドの貴族出身の修道院長コロンバ(c 521-97年)は563年頃、スコットランド北西部にあるインナー・ヘブリディス諸島のなかのアイオウナ(Iona)島に上陸し修道院を建設した。のちに、この地がアイルランド北部におけるキリスト教の中心地となり、そこからスコットランド及びイングランド北部への布教活動の出発点となった。この地域の布教についてはビードが伝えてくれる以外に史料はないが、エイダンというアイルランドの修道僧がノーサンブリア王オズワルドのもとに派遣されてきた。彼がイングランドに到着したのは635年と言われ、王はエイダンにリンディスファーン島(現在のホリー・アイランド)を与えた。当時ノーサンブリアはバーニシアとディーラの二つに分裂していたが、エイダンの活動は主としてオズワルドの君臨するノーサンブリア北部のバーニシアに限られていたようだ。一方ヨークと南部のディーラではカンタベリから派遣されたパウリヌスが布教に従事していた。イングランドのキリスト教化はこのように北と南の双方から進行していた。

　教皇グレゴリによってローマから派遣された聖オーガスチンが、ケントに到来したのは597年とされている。すでにケントには王国が形成されゲルマン民族の一部族、ジュート族がカンタベリに定住し、イングランド南部のゲルマン人としては初めてキリ

スト教と接触することになった。当時のケント王エゼルベルトはローマからの一行に滞在を許可し、キリスト教の布教活動も認めた。イングランド南部のイギリス人が、ローマからのキリスト教に触れた第一歩である。ビードによるとケント王エゼルベルトはフランク族の貴族出のキリスト教徒ベルサを娶っていたので、彼はキリスト教についてある程度の知識を得ていたと推測される（『教会史 巻ⅰ、25章』）。このためケント王はオーガスチンとその一行に寛大な態度をとることができたのである。オーガスチンはローマ教皇から司教座を得て、やがて初代のカンタベリ大司教となったが、ビードの『教会史 巻ⅰ、29章』には、教皇が、メリトゥス、ジュストゥスを初めとして著名な伝道者を派遣し、教会運営に必要な品々とそれに劣らぬ多くの写本をオーガスチンのもとに送ったと記されている。この写本のなかに聖書や祈祷書なども当然含まれていたと思われる。オーガスチンは派遣された当時、ロンドンとヨークの二つの都市に大司教を配置して、イングランドを二つの地域に組織化するように指示を受けていたが、当初からロンドンはカンタベリの管轄下に置かれ、オーガスチンは司教の座を受け、やがて初代の大司教となった。カンタベリと並んでロチェスター及びロンドンの教会の成立は7世紀初頭であったことが、ビードの記述から推測される（『教会史 巻ⅱ、2-3章』）。

　オーガスチンはラテン文化の文物だけではなくことばもまた導入し、とりわけ教会関係の用語が増大した。このような文化の流によってアングロ・サクソン人は知的、精神的に大きな影響を受け、その結果として後に、ベネディクト・ビショップ、ビード、アルクィン、アルドヘルム、ボニフェイス、ウイリブロルドなど

28   第1章 キリスト教の伝来と浸透

の人物が輩出することになった。以下では、聖オーガスチンによるキリスト教の導入以後、アングロ・サクソン人が借用したラテン語で現在まで残っている語を示す。

　教会関連語　：mynster, bishop, priest, Mass, abbot, abbess, devil,
　　　　　　　　monk, archbishop, nun, hymn, angel, prophet, altar,
　　　　　　　　shrine, pope, temple
　そ　の　他　：verse, paper, laurel, pen, procession, rule, offer, school,
　　　　　　　　master, meter, etc.

　上記のラテン語は全体のごく一部に過ぎぬが、ラテン文化とともにその根底となることばが借用され、それがアングロ・サクソン人の語彙を豊かにしただけではなく、キリスト教文化を受け入れる素地を与えた。なお、語彙関連の問題については第3章で改めて述べることにする。

(2) イングランド北部——人と活動

　キリスト教の導入後、各地に修道院や教会が設立された。現在、聖堂の数はカンタベリ、ヨーク、リンカン、エクセター、ノリッジ、ウインチェスター、ピータバラ、ソールズベリなどを含めて、30ぐらいある。聖堂の多くはアングロ・サクソン時代の修道院の教会あるいは礼拝堂に端を発し、今日の聖堂へと発展してきたものだが、聖堂が設立された場所を中心に町や都市が発達し、イギリス社会初期における文化の形成に大きな役割を果たした。修道院の創立は後に歴史的重要人物の輩出に繋がったが、キリスト教伝道の初期、すなわち7世紀から8世紀前半にかけてイングランド北部のリンディスファーン、ジャロー、マンクウィアマス（たん

にウィアマスとも言う)およびヨークで、どのような人物が布教と学問の発展に寄与したか、この点を概観する。

エイダンとリンディスファーン

アイルランドの修道僧コロンバはアイオウナの修道院長を32年間勤めた[21]。彼のアイオウナでの布教活動についてはすでに簡単に触れた。彼の活動は、597年にオーガスチンがケントへ到来する三十数年前のことである。ともに6世紀後半の出来事だが、この二つのキリスト教の布教活動はイギリス人の将来の宗教的方向のみならず文化の方向をも決定する歴史的重大事件であった。布教の中心的役割を果たす教会や修道院が数多く設立されたのは7世紀になってからである。

635年アイオウナから修道士エイダンがノーサンブリア王オズワルドの要請で、リンディスファーン(現在、ホリー・アイランド)に派遣されたきた。この間のいきさつについては『オックスフォード聖人辞典』に詳しい。この派遣の背後には、オズワルドが国王となる以前、政争に巻き込まれた結果アイオウナに逃れていたという事情があった。オズワルド王はパウリヌスが果たした伝道のエイダンによる継承を意図して招聘したのである[22]。これがリンディスファーンの修道院の設立に繋がり、キリスト教がブリテン島の西北部から東北部に導入され、やがてこの地が伝道の中心地となった。この結果、エディンバラからハンバー川以南に至るイングランド北部では、多くの教会が設立され、チャド、チェッド、エグベルト、ウイルフリッドなど、優れた聖職者が輩出したのである。後に彼らが布教活動で果たした役割は大きく、とくにチャ

ドは将来のキリスト教指導者の育成に努力し、エイダンは彼の薫陶を受けた一人だった。

このように、キリスト教はアイルランドからスコットランド西北部に伝えられ、そこからエイダンによって東北部のノーサンブリアへと伝播されたが、初期の聖職者の移動によってやがてキリスト教が大きく開花するきっかけになったことは重要な意味をもっている。

ベネディクト・ビショップとウィアマス-ジャロー

双子の修道院といわれるウィアマス-ジャローは、タイン川とウィア川との間にあるベネディクト派の修道院であった。ウィアマスは674年、ジャローは682年、ベネディクト・ビショップ（628－89年、本来の姓は Baducing）によって創立され、まもなく学問の中心地となった。現在この修道院の一部は教区教会によって占められている。ビードは「石作りのウィアマスとジャローの教会はメルローズ、コールディンガム、リンディスファーン、ウイットビーの質素な木造の建物よりも、たぶんあらゆる面で進んでいた」と述べている[23]。ウィアマスの初代修道院長ベネディクト・ビショップはノーサンブリアの貴族の出で、653年までノーサンブリア王オズウィウに仕えていたが、修道士となる決心をした。彼はウイルフリッドのローマ詣でに同行し、やがて帰国後、国王の子息アルチフリス（Alcfrith）と共に第2回目のローマ詣でをしたが、王子は国王の説得でローマ行きを断念した。ベネディクトはローマからの帰国途中、地中海のカンヌ沖にあるレラン島（今日の St. Honorat）で修道士となり、このときベネディクトの名を得た

とされている。この名高いレランの修道院での体験が、おそらく後にノーサンブリアに双子の修道院設立の契機となったと思われる。669年、3度目のローマからの帰国では、ベネディクトは叙任したばかりのカンタベリ大司教セオドールと同行することになった。彼は短期間だがカンタベリの聖オーガスチン修道院の院長となったとビードは述べているが、この点に関しては異論もあるようだ。674年、ベネディクト・ビショップはエッジフリス王から70ハイドの土地の贈与を受けウィアマスの修道院を設立し、この新設の修道院に備えるためにローマやウイーンで書物を購入した。

679年、5回目のローマ行きは「あらゆる種類の書物を数え切れないほど収集」し、聖者の遺品、暦、礼拝書をウィアマスにもたらした[24]。この折に、ビショップはローマの聖ペテロ教会の主席聖歌隊長で、聖マルチン修道院の院長ジョンを同行してウィアマスに戻った(『教会史 巻iv、18章』)。彼は修道僧たちに聖歌の指導のみならず、ローマの祈祷文とアンシャル書体(現在の大文字に近い書体)を教えた。この5回目のローマ訪問で購入した貴重品には福音書のなかの場面や聖母マリヤと使徒たちを描いた絵画などが含まれ、これらの絵画は教会の内部に掲げるためと伝えられている。682年、ビショップはエッジフリス王から40ハイドの土地を拝領し、ジャローに修道院を建設した。この修道院はチェオルフリッスに託された。最後のローマ詣でによってさらに多くの書物が買い求められた。ビードの『教会史』には具体的な書物名の記載はないが、ビードがビショップの収集した書物で研鑽に励んだことは、彼の博識からその蔵書がきわめて広範囲に及んでいたこ

とを証明している。

　7世紀後半に創立されたこの二つの修道院は、ビードが735年に没するまでイギリスの学問の発展に大きな貢献を果たしてきた。ビードの死後、学問の座はジャローからヨークへ移った。

　チェオルフリッス（『教会史』ではCeolfrid、716年没）

　ビードには2人の指導者がいた。1人は上で述べたウィアマスのベネディクト・ビショップと、他の1人はチェオルフリッスである。彼はビショップと同じくノーサンブリアの貴族の出身で、ギリング（北ヨークシャー）の修道士となったが、数年後ウイルフリッドが創設したリポンの修道院に移り、22歳で司祭に任じられた。彼はカンタベリとイカンホで研鑽し「教会と修道院の慣行に最も学識のある」人物となった（『英国歴史文書 155』698頁参照）。

　ベネディクト・ビショップの要請でウィアマスに招かれたが、ベネディクトがローマ詣での間、チェオルフリッスはウィアマスを託された。これに反発した貴族たちによって、一時的にリポンに退いたが、682年ジャローの修道院が設立されると、チェオルフリッスは初代の院長となった。だが、まもなく流行した疫病によって院長と1人の少年だけが生き残ったと伝えられている。無名の修道僧が書いたチェオルフリッスの伝記のなかではその少年の名は記されていないが、ビードではないかと推測されている（『英国歴史文書 155』700−01頁参照）。

　彼はビショップに同行してローマに詣でた経験があり、ローマ教会の多くの法規を持ち帰った。ビードは『教会史 巻ⅴ、21章』で、チェオルフリッスがピクト人の王、ネクタに書き送ったロー

マ式の復活祭の計算法、剃髪の慣行を記した長い書簡を紹介している。このピクトの王はすぐにアイルランド方式を廃し、彼の提言に従ったという。ビショップの死後、彼はウィアマスとジャローの2修道院の院長となった。彼が院長を勤めていた期間で特筆すべきことは、修道僧の数が増え、蔵書も倍増されたことに加えて、彼は写字室にアンシャル字体の3冊の聖書、すなわちウィアマスとジャローに1冊ずつ、他の1冊はローマ教皇への献呈用に製作を依頼したことである。この最後の1冊だけが今日まで残りアミアティーヌス写本として知られているが、それはこの聖書が9世紀からモンテ・アミアタ修道院に所蔵されていたので同上の名で呼ばれている[25]。現在、この写本はフローレンスのローレンシア図書館に残されている。716年チェオルフリッスはこれを携えてグレゴリオ2世に献上すべくローマに赴いたが、途中、バーガンディのラングレで没した。『修道院長伝』のなかでは、チェオルフリッスの突然のローマ行きを知らされた修道僧たちの嘆きが克明に記されている（『英国歴史文書 155』707頁参照）。

このラテン語聖書の写本はおそらく7世紀末に完成したと思われるが、当時、イングランド北部のウィアマスあるいはジャローの優れた写本技術のみならず、聖書学の水準の高さを示すもので、リンディスファーンの福音書とともにイギリスの誇るべき文化遺産である。時期的にも、ビードはこの写本制作の過程を実際に見守っていたと思われるが、このことについては推測の域を出ない。彼の亡きがらはラングレに埋葬され、この地で奇跡が起こったことが上記の『伝記』に記されている。

ビード (c 673-735年)

　彼はベネディクト・ビショップと、とくに彼の弟子チェオルフリッスの薫陶によって育まれたことは、きわめて重要な意義のあることだった。7世紀後半から8世紀前半の時代に、ヨーロッパ大陸において匹敵する者がないくらいビードの学殖は類い希れだったと言われる。ビードの最も大きな貢献はこれまで何度も引用した『イギリス国民教会史』、『自然の理について』、『修道院長伝』などだが、彼が後代の学僧に与えた影響は計り知れないくらい大きかった。ビードは終生ベネディクト・ビショップの建立したジャローの修道院の修道士として勤め、ローマに出かけたこともなかったと伝えられているが、ギリシャ語、ラテン語にも通じていたと言われる。このように彼の学殖は先人たちによってローマを中心としたキリスト教社会からもたらされた豊富な書物と文物によって築き上げられたことは明らかである。

　彼が亡くなる半年前、彼の良き理解者であったエグベルト大司教宛ての書簡 (734年、11月5日付) では、当時のノーサンブリアの社会状態と聖職者の堕落、退廃的傾向を慨嘆するビードの気持ちが克明に語られ、彼は「金銭への欲望は諸悪の根元です」(『テモテ書 6:10』) と記している。この書簡のなかで「貪欲」の戒めがとくに強調されているが、11世紀のウルフスタンの説教ほどではないにせよ、当時の風潮を鋭く批判している点は興味深い。世相批判を含めて注目すべき点は土地の保有に関しての言及があり、聖職者ではない俗人が、修道院の用地確保に暗躍していたことが窺える。エグベルト大司教に対する忠告、提言は、ビードという当代一流

の学僧の人間性をどの作品よりも直接的に感得させてくれる。またこの書簡は彼の存在感を強烈に印象づける最もふさわしい資料なので、この一部を示しておく。

　さらに重い犯罪だが、俗人のなかには、戒律に従う生活の慣行を体験することがなく、あるいはその生活を愛する気持ちに心を奪われたわけでもないから、王たちに金を与え、修道院の建立を口実にして土地を購入し、その場所でさらに気ままに欲望にふける者がいるのです。加えて彼らは国王の勅令による世襲の権利として、土地を我がものとなし、その特権を示す同じ文書を、真に神に値するかのごとく、司教、修道院長、世俗の人々からの献金によって確認させることさえも行うのです。かくて、俗人たちは自らのために土地屋敷と村々を奪い取り、さらに、人の務めのみならず神への務めも免れ、おのれの欲望だけを満足させ、俗人たちが修道士を管理しているのです(『英国歴史文書 170』)。

　ビードが『教会史』の巻末で記した業績は多岐にわたるが現存する作品は少ない。イギリスの学問の伝統はやがてアルクィン(735?－804年)によって継承されることになる。

(3) ヨークのキリスト教と学校

『年代記』の626年(実際には627年)の項にはノーサンブリアのエドウィン王がヨークで洗礼を受け、王はパウリヌスに司教座を与え、石造りの大きな教会の建築を命じたと記されている。ビード

によると、エドウィン王とケント王エゼルベルトの王女エゼルベルガとの婚姻が契機となってパウリヌスがヨークまで王女に同行してきたと述べている(『教会史 巻ⅱ、9章』)。これがエドウィン王の改宗した理由の一つかも知れない。このノーサンブリア王の改宗はビードによって詳細に語られ、とくに王はキリスト教の受け入れの是非を賢人たちと協議し、その席で司祭長コイフィは以下のように述べたと言われる。次は有名な一節で、古英語訳が趣旨を簡潔に要約しているからそれに従って訳す。

　一羽の雀が一方の扉から飛来しさっと広間を飛び抜けて、他方の扉から、瞬時にして出て行くのです。人の一生は(これに似て)ほんのつかの間に過ぎないように思われます(『教会史 巻ⅱ、13章』)。

エドウィン王はさらに熟慮してキリスト教を受け入れたのである。この背景には、彼が東アングリア王、ラドワルドの宮廷で追放の憂き身をかこっている時に、神の啓示に触れた体験が改宗への動機として存在していたのだろう(『教会史 巻ⅱ、12章』)。上記のコイフィは偶像を祭る寺院を破壊し、仲間に火をかけるように命じたと記されているが(『教会史 巻ⅱ、13章』)、この年は627年でビード(673-735年)生誕前の半世紀にも満たない時代のことで、それを考えると、イングランド北部においてキリスト教化が速い速度で進行していたことが推察される。633年エドウィン王と息子のオズフリッスが戦死すると、パウリヌスは未亡人となったエゼルベルガとその遺児たちを連れてケントへ戻った。オーガスチ

ンの布教によって改宗したケント王家とノーサンブリア王家との結び付きは興味深いが、パウリヌスの大きな影響は、やがてノーサンブリアにキリスト教を介して学問が花開く基礎を築いたと考えられる。

ウイルフリッド（Wilfrid、634−709年）の後継者としてエグベルト（Egbert）がヨークの司教に叙任（c732年）したとき、まだビードは存命していた。ヨークの学校はウイルフリッドによって開設され、エグベルト大司教の時代までは、イングランドの学校として十分な発展を見てはいなかったが、着実に成長を遂げていた。このヨークの学校は、「イギリス最初の大学」と評されている[26]。だが、782年以降、学校は衰退の一途を辿り、ヨークの学問はアルクィンによって継承されるが、エグベルトの立派な人柄は後年、アルクィンが記した『ヨークの教会の司教、王、聖者によせる詩』（以下、『ヨークの教会……』と略す）によって次のように語られている[27]。

　　彼は世俗の富を貧しい人たち、困窮する人たちに分け与え、天国に宝を蓄えて、いっそう豊かとなった……彼は類い希な、人柄の優れた教師で、すべての人に愛され、悪人に対しては公正で、物腰柔らかく、なおかつ仮借なかった……　　（1254−62行）

エグベルトは766年に没し、彼の後継者はアルベルト（Alberht）（『ヨークの教会……』1396−97行）であった。彼が指導した分野はアルクィンによると文法、法律、詩、修辞学、天文学、自然科学、物理学、論理学、倫理学の分野に及んだという。アルクィンはヨークの学校の教師としてアルベルトの後を継ぎ、ゴール、ローマへ

写本を求めて彼と同行したこともあった。アルベルトはその有名な図書館の収書委員長ならびに管理者でもあった。彼は絶えずローマや修道院のある中心地と文通し、ヨークはキリスト王国全般に起きている事柄を残らず知っていたと言われる。741年ヨークの聖堂は焼けたが、アルベルトは再建に貢献し、780年に職務を離れ、782年死去した。ヨークの学校は8世紀後半の50年間イギリスの学問が大陸に大きく羽ばたく礎を築くことになったのである。この隆盛に最も貢献したのがこのアルベルトであった。ゴール、アイルランド、遠くはイタリーからも、学者たちはヨークを目指して集まり、ヨークはローマ時代におけるブリテン島の首都の感があったと言われる。

　ビードの誕生よりもはるか以前、ノーサンブリア人はヨークを彼らの首都とし、やがてエドウィンはこの地で洗礼を受け、ノーサンブリアにおいて初代のキリスト教徒の王となった。エドウィンとパウリヌスは木造の小さな礼拝堂を建設し、これが後の大聖堂に発達する礎となったのだが、この地でキリスト教が発展する過程でパウリヌスや他の聖職者たちが示したキリスト教への深い信仰心が、大きな支えとなっていたことは明らかである。

　アルクィンの詩には、アルベルトが収集した書物をヨークの教会に遺贈したと語られている。著者の名前は列挙されているが、残念ながら具体的な作品名はない(1541-56行)ので、アルクィンがどれだけ多くの作品に接することができたかは不明である。この詩の創作年代については議論もあるが、アルクィンがヨークを後にして大陸に出発する前の781-82年に書かれたと考えられている[28]。アルベルトに寄せるアルクィンの称賛は、彼が育てた最

も素晴らしい学者によって謳われ、彼の死を悼むアルクィンの心情が次のように披瀝されている。

　キリストは彼の愛、糧にして飲みもの、彼のすべて。
　命、信仰、理解、希望、光り、道、栄光と徳。
　司教として、その任期14年目、11月8日、彼は永遠に眼を閉じ、
　その間、太陽は悲しげに6時間光り輝いた。
　大群衆が彼の葬儀に列し、司教、聖職者、人々は、
　老いも若きも同様に参列し、彼らの父の亡きがらを
　謹んで注意深く土に返した。
　ああ、父にして牧者、我々の人生における最大の希望、
　あなた無しに我々は世の荒波に揉まれ、
　あなたを亡くして我々は無数の波に翻弄され、
　何処の港に達するか、我々には知る術もない。
　昼が夜に、夜が昼と交代し1年が四季に分かれ、
　草が大地に茂り、星辰が瞬き、風が雲を散らす限り、
　あなたの名誉、名声、称賛が永遠のものでありますように！
　　　　　　　　　　　　　　（『ヨークの教会……』1581－96行）

　後世にその名を残したアルクィンによって、かく謳われたアルベルトは無上に幸いな大司教であった。アルクィンによるこの詩の3分の2は、ビードの『教会史』と散文及び韻文のクスベルト伝に準拠していると指摘されているように[29]、例えば、パウリヌスの布教の使命(135行以下)、ノーサンブリアの司教コイフィ(167行以下)の改宗を巡る話、クスベルトの生涯と奇跡(646行以下)など、

ビードを典拠にした話が、1658行に及ぶこの詩の至るところに織り込まれている。ヨークの発展はこの詩を読むだけで、その概要が分かるほど、この古都と係わりがある多くの人物が取り上げられている。だが、チャドやエイダンのようなアイルランドの聖人あるいはビードの師、ベネディクト・ビショップへの言及はない。

アルクィン（c 735－804年）

　ここで、アルクィン自身について触れておく。ビードの亡くなった同年、彼はヨークで生まれ、この都市の聖堂付属の学校で教育を受けたが、当時はまだ学校の揺籃期であった。上で述べたようにアルベルトの薫陶を受けて、766年にはこの学校の教師となった。781年シャルマーニュと会うまでの約15年間は、彼が学問に専念できる良き時代でもあった。学問的にはビードの後継者はアルクィンと言えるだろう。彼の詩『ヨークの教会……』はこの間のノーサンブリアの国情を次のように述べている。「この時代は王と司教による支配に調和があり、ノーサンブリアの人々にとって幸福な時代だった。つまり、一方が教会を、他方が国事を司っていたのである。前者はその肩に教皇から贈られた上祭服を纏い、後者は先祖伝来の王冠を戴いた」と記されている（『ヨークの教会……』1277－81行）。この時代は、政争、廃位、陰謀、追放に明け暮れ、暗い過去をもつノーサンブリアに訪れた、つかの間の平和な時代だったことが推察される。だが、史実によるとアルクィンが語るほどノーサンブリアの平穏は長続きしなかったようだ。とくに彼がヨークを後にしてからの8世紀最後の十数年間、ノーサンブリアは、忌まわしい時代を迎え、王国の混乱ぶりは王の退位、

追放、謀殺に見られる。アングロ・サクソン年代記によると、8世紀最後の十数年でノーサンブリアの国王が3人殺害された。790年、一時アルクィンは帰国したが、エゼルレッドが殺害される2年前の792年、ヨークを後にしていた。ノーサンブリアの混乱した状態を知ったアルクィンは、大陸に戻った後、793年6月8日付の書簡をエゼルレッド王に送っている。その一部を紹介する。

　以前、国民のあいだに密通の罪がなかったとは申しません。だがアルフワルド王の時代から密通、姦淫、近親相姦が国中に溢れました。その結果このような罪が恥も外聞もなく、さらには神に献身的な侍女にさえも行われてきたのです。
　貪欲、強盗罪、過激な判決について、私は一体何が言えるのでしょうか。このような犯罪が巷（ちまた）の至るところでどれほど増加しているかは、日の光よりも明らかであり、略奪された人々がそのことを証言しているのです。聖書を読み、古の歴史に思いを馳せ、世界の運命を考える人は誰であれ、この種の罪のために国王たちは王国を、国民たちは彼らの国を失ったことを知るでしょう（『英国歴史文書 193』）。

アルクィンが国王エゼルレッドを諫（いさ）めるこの書簡の内容は、かつてビードがエグベルト宛てに書いた手紙を思わせる類似点がある。アルクィンはビードを意識していたかどうかは不明である。アルクィンがこのような文面の手紙を書き送ったのは、両者の間にかなり親密な関係があったことを示している。ヨークを後にしたが、決してヨークを捨てたわけではないアルクィンの気持ちは、

彼の時代のこの地を称えた『ヨークの教会……』のなかで次のように歌われている。

> ヨークを流れるはウーズ川、その流れには魚影濃く、
> かの土手に沿って広がるは花咲き乱れる草の原、
> 田園を取り巻く麗しき丘と森、
> 美しく、健やかにして高貴なるたたずまいのこの地は
> その豊穣のため数多(あまた)の移り住む人々を招く定めとなった。
> 諸々の国民(くにたみ)から、はたまた世界中の王国から、
> ヨークへと彼らが来(きた)るは、利を得ようと願い、
> この豊穣なる土地から富を、家を、幸運を、炉辺の石を
> おのが力で求めようとするためである　　　(30−37行)。

アルクィンはエグベルトとアルベルトの弟子だったが、この2人の先達をはるかに凌ぐ偉大な学者に成長していた。彼は780年頃パヴィア(Pavia)でチャールズ(後のシャルマーニュ大帝)に会う機会に恵まれ、その際、彼に好感を与えたので、結果的に782年彼の宮廷に出仕することになった。アルベルトの時代、ヨークの学校は全盛期を迎えたが、彼の死去によって、往時の隆盛は陰りを見せ、やがて衰退に直面する。まさにこの時期に、アルクィンはヨークを後にしたのである。彼は8年間、チャールズの宮廷に滞在し、教育に従事した。上述のように、790年一時帰国したが、792年チャールズの宮廷に復帰した。だが、以後二度とイングランドに戻ることはなかった。ノーサンブリアはあまりにも不安定で、学者にふさわしくない場所に転落したことを知ったからであろう。

アルクィンは一時帰国したときに、何を見、何を感じ、何を体験したかは分からぬが、少なくとも彼の思いの一端は上で示したエゼルレッド王宛ての書簡(793年)に表明されていると思われる。彼は晩年の人生を大陸での活動に情熱を捧げ、とくにゴールとドイツで学校の建設に助力した功績は高く評価されている。その反面、彼は絶えずヨークに書籍を送ったと伝えられ、イギリスの学者がアルクィンのもとを訪れることも多かったという。「かりにアルクィンがイングランドに留まり、学問がイギリス国内に限られていたならば、学問はデイン人の破壊の洪水に飲み込まれて2、3年で滅びたことだろう」[30]という指摘がある。実際に793年ノーサンブリアのリンディスファーンが初めてヴァイキングの襲撃を受けた。この襲撃は一時的だったのでヨークは幸いに攻撃を受けなかった。ヨークを後にしたアルクィンの学問の庇護者はノーサンブリアの国王ではなく、やがて神聖ローマ帝国の主となった人物、チャールズであった。上で述べたように、大陸での活躍を経て、彼は804年に没した。彼には多くの著作があり、しかも書簡約300通が残され、とくに彼の晩年の10年間を知るために、この書簡類はきわめて重要な資料と言われている[31]。書簡の宛て先はイングランドの文通者、イギリス国王、司教、修道院長、修道僧、彼の生徒、友人、彼の尊敬した女性たちだった。

　リンディスファーンへの襲撃から74年後の867年、ヨークは海からではなく進駐したヴァイキングの軍隊の攻撃を受けた。これによってイギリスの学問の府は破壊された。アルフレッド王の時代である。867年デイン人との和睦が成立したが、やがてヨークが十分に回復を示すのは、はるか後代のノルマンの征服以後になる。

(4) カンタベリ——人と活動

　ケントの語源はケルト語の *canto-*「縁」、「国境」、つまり「国境の土地」、あるいは「沿岸地域」の意味におそらく由来すると考えられる。アングロ・サクソン時代には *Cantwarabury* と記録されているので、カンタベリは「ケント人の要塞(都市)」と解される[32]。シーザーがブリテン島の制圧に乗り出した西暦54年当時、カンタベリ周辺には大陸から英仏海峡を渡ってきたベルガエ族が住み、1世紀後クローディアス皇帝が本格的に侵略に乗り出したころまでには、彼らはカンタベリに住み着いていたと言われる。この町を手中に収めたローマ人は、この地方をカンティウム(Cantium)と称した。第2次世界大戦中、カンタベリの中心部にあった建築物の3分の1は爆撃により一掃されたと言われるが、この結果、ロンドンの場合と同じようにローマ統治時代の遺跡が発見されることになった。発掘者たちはブリテン島でこれまでに発見されたことがない大劇場と2つの浴場家屋を確認したと言われる。

　ビードによると、聖オーガスチンはローマ人が建設したいくつかのキリスト教の教会を復興し、「カンタベリの町近くの東に聖マーチンを記念して古い時代から建てられた教会があった」と記しているが、「その教会でケント王の后ベルサが祈りを捧げるのが習慣だった」(『教会史 巻ⅰ、26節』)という。この記述によれば、ローマ統治時代の後期、すでにカンタベリにはキリスト教の聖堂(basilica)があり、この地にキリスト教信者の存在が示唆されているが、詳細は不明である。今日、ラテン語に由来する *Eccles*「教会」が地名に残る町は多くないが、この語はマンチェスター市西方の町エクレス(Eccles)、ランカシャ州のエクレストン(Eccleston)、

ヨークの西ライディングのエクレスフィールド(Ecclesfield)などに見られる。「現在、このような名(ラテン名)を有する場所に教会が存在しなくとも、その名は、イギリス人以前の失われた教会を指す可能性がある」と指摘されている[33]。だがこれらの地名のすべてが、アングロ・サクソンが到来する以前の、ローマ・ブリテン時代まで遡れるかどうかは疑問である。

ビードによると、604年ブリテン島の大司教オーガスチンはメリツゥスとジュストゥスの2人の司教を聖別し、後者を東アングリア人の支配地域の司教に叙任した。当時、東アングル人の中心都市ロンドンは「陸路、水路でその都に来る多くの国民の商業中心地である」(『教会史 巻ii、3章』)と記され、いわば国際都市の雰囲気があったらしい。エゼルベルト王はロンドンにセントポール教会を建立し、メリトゥスと彼の後継者がロンドンの司教座を有することになった。

ジュストゥスはオーガスチンによってカンタベリの西約24マイルにあるロチェスターの司教に任じられ、エゼルベルト王はこの町にセント・アンドルー教会を設立した。ロンドンもロチェスターの場合も、僧院ではなくラテン語では *ecclesiam* と記され古英語訳では今日の church が用いられている。教会はしばしば次の一節に見られるように修道院内部に建設された。「彼女(エゼルブルハ)が尼僧院長の時に、修道院内に全使徒に捧げた教会が建設され始めていた」(『教会史 巻iii、9章』)。

ロチェスターはカンタベリとともに、キリスト教信仰を受け入れたイギリス最古の都市に数えられる。ビードはローマ教皇ボニフェイス5世からロチェスター教会の初代司教となったジュス

トゥス宛ての書簡を次のように紹介している。以下はその一部である。

「ボニフェイスから、我が親愛なる兄弟ジュストゥスに」
　我が親愛なる兄弟よ、あなたの書簡の内容からだけではなく、それ以上に天によってあなたの仕事に与えられた首尾良い成果から、我々はあなたが神の福音のために精根を尽くして働いた献身ぶりと、実のところ、その用心深さを、承知しているのです。全能の神はその御名の名誉を保持し、あなたのお骨折りに対して成果を怠りなくお与えになりました。これは、「私は世の終わりまでも、あなた方といつも共におります」（マタイ伝 28：20）という福音を説く者たちへの信義に篤い約束によるものなのです……（『教会史 巻ⅱ、8章』）。

ローマ教皇はイギリスに派遣した布教団の成果に注目し、この書簡では、とくにジュストゥスの業績に対し上祭服を贈り、司教を聖別する特権を与えている点が注目される。616年、エゼルベルト王が死去するとケントとエセックスでは異教への逆行が起こり、異教徒エアドバルド王の支援が得られなかったために、ジュストゥス司教はメリトゥス司教と共にゴールに逃れた。だがエアドバルド王の改宗後、この2人はカンタベリ大司教ローレンスに呼び戻され、イギリスに復帰したが、メリトゥスはロンドンには戻れなかった。616年の項には、この間の事情が次のように簡潔に記述されている（『年代記(E)』）。

彼(エアドバルド王)は自らの洗礼の信仰を捨て異教の慣習に従って暮らした。その結果、彼は父の未亡人を己の妻とした。すると、当時、ケントの大司教だったローレンスは海を越えて南に行き、一切を捨てようとした。だが、彼が神のキリスト教徒をこのように見捨てようとしたために、使徒ペテロが夜半に彼のもとに現れて彼を激しく叱咤し、王のもとに戻り彼に真の信仰を説くように命じた。彼が命じられた通りにすると、王はこれに従い洗礼を受けた。

　上記の記述は、「王はすべての偶像崇拝を禁止し、違法な妻を捨てた」(『教会史 巻ⅱ、6章』)と記したビードの証言に基づくが、エアドバルド王のこの劇的な改宗の話は、当時のローマ教皇にも伝えられていたことが、ビードによって紹介されている(『教会史 巻ⅱ、11章』)。ローレンスのこの説得は、神の加護によって成就した一つの奇跡と受け取られたと思われる。

　メリトゥスは619年ローレンスの後を次いで第3代目のカンタベリ大司教となり、624年に没した。ビードはカンタベリの町が火災に見舞われた時にメリトゥスの祈りによって奇跡的に町が救われた話を紹介している。ジュストゥスはメリトゥスの跡を継ぎ624年第4代目のカンタベリ大司教となり、627年に没した。彼ら2人がイングランド南部を中心にして活躍し、改宗初期に果たした功績は大きい。

　『年代記』の668年には、ヴィタリアヌス教皇によってブリテン島に派遣されたセオドール大司教についての記述があるが、彼の存在も、イギリス社会初期のキリスト教会の組織化に大きな貢献

をしたことが指摘されている。オーガスチンに次いで、ローマからの2番目の布教団で、教皇ヴィタリアヌスの示唆によってセオドールに同行してカンタベリに派遣されたヘイドリアンもまた博学な人であった(『教会史 巻iv、2章』)。セオドールが選ばれた背景についてはビードの記述は比較的豊富だが、彼は668年3月26日、日曜日、教皇によって叙任され、同年5月27日ブリテン島に派遣されている(『教会史 巻iv、1章』)。「セオドールはイギリス教会全体が従うことに同意した最初の大司教であった」(『教会史 巻iv、2章』)が、セオドールとヘイドリアンのもう一つの大きな功績はカンタベリに学校を開設したことである。コルグレーブは、カンタベリのこの学校の影響によって、ジャローとヨークの学校が開設されるに至ったと述べている。この学校でセオドールとヘイドリアンがどのような教科を教えていたか、その一端を示すと、まず聖書、韻律術、天文学、教会に係わる計算(『教会史 巻iv、2章』)、このほか、ラテン語、ギリシャ語もあったろう。両者ともその2つの言語によく通じていたとビードは述べているからである。セオドールは生前、彼の友人たちに自分は長生きをするだろうと予言していたが、これは夢のなかのお告げによるものだった(『教会史 巻v、8章』)。なぜか、彼にまつわる奇跡話はまったくないが、690年、88歳の高齢で天寿を全うしたことを思うと、まさに一つの奇跡と言っても過言ではないだろう。当時の平均寿命が何歳であったか、もちろん定かではないが国王でも50歳を越える人は少なかった。彼の墓名碑には次のように記された(『教会史 巻v、8章』)。

　ここに司教の聖なる遺骸眠る。

ギリシャ語でその名はテオドール。
偉大なる、位高き司祭、教会の長(おさ)、
彼は弟子たちを正しき教義で育みぬ。
月は9月、19日、この日天国の市民たる天使らと
新たなる生と愛を分かち合うため、
彼の魂は喜びにあふれ肉体を離れぬ。

　彼の亡きがらは歴代のカンタベリ大司教の眠るセント・ピーター教会に埋葬された。

　以上のようにカンタベリを中心にしたイングランド南部の改宗初期に、どのような人たちがキリスト教の布教に献身的努力を果たしたかを概観した。

　最後に海外で活躍した聖職者のうちウイリブロルド(658－739年)とボニフェイス(c 675－754年)の2人だけを紹介しておく。アルクィンは前者を「彼は神に導かれてキリストのため何千人ものフリジア人の心をつかみ、長年にわたり彼の司教職に栄光をもたらし、神の教会をその地に数多く建て……」(『ヨークの教会……』1037－40行)と記している。一方、ボニフェイスは晩年にドイツの教会の組織化に貢献し、さらにはフランク王国の教会の改革に尽力した。その結果、747年頃彼はマインツの大司教に叙せられたが、数年後、異教徒によって殺害され殉教者となった。彼には多くの人たちと往復の書簡が残されており、次の書簡では、彼の苦労話の一部が文面から推察できる。ドイツでの改宗活動はその緒についたばかりで、フランク人司祭の非協力のなかでの改宗の困難をダニエルに訴え、彼の忠告を求めているのである。

「ボニフェイスからウインチェスター司教ダニエル様へ」(742-44年)
　フランク人の支配者の保護がなければ、私は教会の人々を治めることも司祭たち、聖職者、修道僧、神の侍女を守ることもできません。あるいはまた、ドイツでは、王の命令と王に対する畏怖がなければ、異教徒の儀式と偶像の崇拝を阻止することもできないのです(『英国歴史文書 175』)。

　ブリテン島の初期の伝道者はアイルランドから渡来したが、アングロ・サクソンの侵略後はローマから派遣された聖職者が中心となって布教に従事し、やがてイングランドの聖職者たちは信仰の砦ローマに足跡を印し、大陸のキリスト教文化を積極的に吸収する道を自らの力で切り開いたのである。この成果はとくにイングランド北部で開化し、我々はその頂点にビードの存在を見ることができるのだが、7世紀末から8世紀にかけてウイリブロルド、アルクィン、ボニフェイスなどの聖職者が海外に流出する時代を迎え、イングランドのキリスト教に関する学問的業績が大陸で高く評価された。文化の発展には常に異文化との接触が見られるが、同時にそれを受け入れ発展に結び付ける人材の存在がなければならない。この意味で初期のアングロ・サクソン社会は、豊富な人材に恵まれていたと言えるだろう。今日的な言い方に従えば、イギリス人が国際化を積極的に志向する機運はすでにこの時代にその萌芽が見られるのである。聖職者のなかにはボニフェイスのように異郷の地で殉教した聖職者もいたが、これは15世紀ベルギーで非業の死を遂げたティンダルを思い起こさせる。これまで取り

上げたイングランドの聖職者は、海外で布教する者を含めて人生の最後を迎えるまで伝道と学問に専念した人が多かった。彼らの地道な活動によって、イギリス文化の土台が築かれたと言っても過言ではない。

第2章　命名法と地名の由来

1　頭韻と命名法

　古英語の詩は頭韻を使って語り継がれてきたことは周知の事実である。頭韻とは語頭の音を合わせて詩を作る方法の一つである。この頭韻構成については、いつの時代から、どのような経緯で伝統的技法として確立されるに至ったかは定かでない。だが口誦による頭韻詩の伝統は大陸時代のゲルマン人の間ですでに確立していたと考えられ、文字をもたなかった古代のゲルマン人は、語頭に強勢が置かれるゲルマン語の単語を利用して、頭韻を踏む習慣を獲得したと思われる。以下で述べる北方ゲルマン諸民族の国王名には整然とした頭韻が利用されている。アングロ・サクソン民族の各部族もおそらくこの習慣を携えブリテン島へ渡来したものと考えられる。事実、この影響がアングロ・サクソンの各王家の系図にも反映されていることは明らかである。さらに頭韻法は初期の法律の文言や説教(homilies)にも及んでいることは見逃せない事実である*。

＊例えばウルフスタンという人の説教では現代英語で書くと word and work 「ことばと行い、言行」というような頭韻構成が見られる。対句ばかりでなく語義上の多様な組み合わせにも頭韻が認められる。

人名に対するこの頭韻使用の習慣は現存する資料から明らかであるが、以下では、ウエスト・サクソン王家の国王名について具体的に見てみよう。『年代記(A)』855年の項にはウエスト・サクソン王家の王の名が列挙され、アルフレッドの父、エゼルウルフの逝去から系図を溯る形で記されている。855年の記述から一部を抜粋して示すと以下の通りである。頭韻の部分だけ太字で示すが、頭韻が変わる場合は国王名を太字で示す。

エゼルウルフは**エ**ッジブレヒトの息子、**エ**ッジブレヒトは**エ**アルハムンドの息子、**エ**アルハムンドは**エ**アファの息子、**エ**アファは**エ**オッパの息子、**エ**オッパは**イ**ンゲルドの息子、**イ**ンゲルドは、ウエスト・サクソン王、**イ**ネの弟、彼ら(**イ**ネと**イ**ンゲルド)は**ケ**ンレッドの息子、……**ケ**アウリンは**キ**ュンリッチの息子、**キ**ュンリッチは**ケ**ルディチの息子、**ケ**ルディチは**エ**レサの息子、**エ**レサは**エ**スラの息子、……**ウィイ**は**フ**レアウィネの息子、**フ**レアウィネは**フ**リゾガールの息子、**フ**リゾガールは**ブ**ロンドの息子、**ブ**ロンドは**バ**ルダイの息子、**バ**ルダイは**ウ**オーデンの息子……。

この記述の後にウオーデンの先祖についても記述があり、さらにその先は聖書の人名と結び付けられているので省略した。

この項の特徴を述べると、「**エ**ゼルウルフは**エ**ッジブレヒトの息子、**エ**ッジブレヒトはエアルハムンドの息子」と記され、以下同様の記載法が採られ、イネ王までは母音が頭韻を形成している。さらにその先を辿ると、ケンレッド (Cenred)……、ケアウリン

(Ceawlin)、キュンリッチ(Cynric)、ケルディチ(Cerdic)と母音による頭韻がC音に変化しているのに気付く。だが、それより以前の先祖名、ElesingはCerdicとの間には頭韻構成が見られない。次に、ElesaはEslingと頭韻を構成するが、その先は不規則に頭韻と非頭韻が繰り返され、基本的には子音による頭韻が形成されている。頭韻が変わる場合には何か政治的な変化が予想される。また、なぜ、この年代記にこの系図が挿入されたのか、その理由は判然としない。だが、このような内容の挿入には世俗的な感じが濃厚で興味深い。アルフレッドが年代記を書く指示を与えた背後にはウエスト・サクソン王家の権威を知らしめるためにある種の政治的思惑が働いていたのかも知れない。

以上のことから、王族に限ってだが、ある時代から同族構成員の名が頭韻によって命名されるようになったと思われる。歴史時代に入ってからのウエセックスの創立者ケルディチ(534年没)からケンウエアルハ(在位641－72年)までは、C-音で王の名前が始められている。C頭韻から母音に頭韻が変えられた背景には何があったか、また、ウエセックスの歴史にはこのリストに記載はないので議論の余地もあるが、672年と673年の2年間君臨したセアクスブルハと次のアッシュウイネ*という2人の王が存在したとされるが、この2人は頭韻を形成しない人名である。上記の2人を除くと時系列ではイネ王以来ウエスト・サクソン王家の国王名

＊このセアクスブルハ王の存在については議論もあるが、この王は女王なので男性とは命名法の違いがある。女性名の特徴については、ヒルマー・シュトルム著『ビードの歴史書における古英語の人名』(クラウス 再版、1968年) xlii- xliiiを参照。

は母音に基づいていることが分かる。

まずC頭韻から母音頭韻への変化だが、例えば王位世襲に何か重要な変化があったことが推測される。「彼ら(イネとインゲルド)はケンレッドの息子であった」と記されているように王家には何らの変化もなかったように見える。だが、父ケンレッドは国王にはならず、イネは別の一族ケアドワラ(在位685-88年)の後を継いだことになっている。イネ(在位688-725年)は一代限りで、弟のインゲルドはウエスト・サクソン王の地位についてはいない。だが、この弟の係累がイネの後、王家を継承し、系図はエオッパ(Eoppa)、エアファ(Eafa)、エアルハムンド(Ealhmund)、エッジブレヒト(Ecgbreht)、エゼルウルフ(Æþelwulf)と続く。なお、エゼルウルフは6人の子女に恵まれ、5人の息子のうち、4人が国王となった。アルフレッドを除いていずれも短期間の治世であった。6人全員が母音によって命名されているが、アルフレッド(Alfred)以外の5人はエゼル-(Æþel-「高貴な」)が用いられている。父親の名の一部が子供全員に与えられたことになるが、例えば長男はエゼルスタン、次男はエゼルバルド、ただ1人の娘もエゼルスイズと命名されている。この家系はその後も国王名にはエゼル-、エド-、エアド-(後者の二つは「財産」の意味)がつけられているのが特徴と言える。

それにしても、イネ、インゲルド兄弟の父の名はケンレッドであり、2人の息子は父の名前とは関係のない母音の頭韻を構成している。彼らの父はもともと「ドーセットの支配者で、副王」だったが[1]、なぜ生まれた2人の息子はイネ、インゲルドという同じ母音をもつ名がつけられたのか。歴史時代に入ってからC頭韻に

よる伝統的命名法が一貫して数百年間続けられてきたが、この方法では適切な新しい名が得られにくくなったのかも知れない。どうやらこのような理由から7世紀の後半に至って伝統が大きく崩れ、初めてアッシュウイネ (674–76年) という母音で始まる王名が採用されるのである。この母音による頭韻は十数年を経てイネに引き継がれてからは、ウエスト・サクソン王家はこの母音による命名法を継承するのである。いずれにせよ、結果的にケンレッドを最後として、以後母音の国王名が誕生したことになる。

以上のように、子音、母音に係わりなく頭韻による命名法は他の王家についても原則的に当てはまるのは明らかである。

2　名前の意味

これまでは主として名前と頭韻構成について述べたが、ここではウエスト・サクソンの国王名を初めとして、名前の由来が比較的分かりやすい例を取り上げてその意味を考える。キリスト教化する以前も以後も命名の基本はゲルマン古来の習慣に基づいていると言えるだろう。アルフレッドの時代に入って記録され始めた年代記には聖書に由来するアングロ・サクソンの国王名は見られない。上記の系図から省略したイネとインゲルドの父の名はCenredだが、その第一要素 cen-(>現代英語 keen)は「勇敢な」、第二要素 -redは「忠告(者)」と「支配(者)」の意があり、この場合は後者、「勇敢な支配者」の意味と考えられる。この王家には他にこの「勇敢な」を第一要素にとる王も数名いるが、このことばはウエスト・サクソン王家に独特な用法である。

Ceolwold の *ceol-*(＞現代英語 keel)は「船」、*wold* は weald の異形態で「力」、「支配」の意味だが、この名前には「船の支配者」という含みがあるのだろう。Cuþwine の *cuþ-* は「知られている、有名な」の意味だが、*wine* は「友、支配者、君主」を表すから、「名高い支配者」となる。Cynric の第一要素 *cyn(i)* は、「家族、民族、貴族出の人」、古英語の形容詞 *rice* は「力のある、偉大な」から *-ric*「権力、統治；王国」の意味を表す。プラマー編に付された用語解では *cynerice* に「王国」の語義を与えている[2]。Cenwealh は「勇敢な」と「ブリトン人、外国人」の合成語だが、どうしてこのように外国人を表す名が王の名につけられたのだろうか。ケンウエアルハはもともと出身がブリトン人か、それと縁のある者を暗示しているのだろうか。

ウエスト・サクソン王家のみならず、形容詞 *æþel-*「高貴な」(ドイツ語 edel と同語)は他の王国でも王の名につけられている。例えばエゼルワルド「貴い支配者」、エゼルフリッス「貴い平和(保護)[者])」、エゼルベルト「気品ある輝き」、エゼルウルフ「気品のある狼」、エゼルレッド「高貴な支配者」、エゼルバルドは「貴い大胆な(人)」、エゼルリッチ「貴い偉大な(人)」などである。ついでだが、ドイツ語の花の名エーデルワイスは「高貴な白」の意味である。ノーサンブリアのディーラとバーニシア王国には *os-*「神」[3] で始まる名、オズリッチ「偉大なる神」、オズフリッス「神の平和(保護)」、オズウイネ「神の友」、オズウイ「神の戦[軍隊?]」、オズワルド「神の支配」、オズウルフ「神の狼」が見られるが、これらの名は他の王国では用いられてはいない。この場合の「神」は異教の神を表しているが、キリスト教化した後でも、オズウルフ(758-59年)の名が使われているのは、すでに元の意味が薄れてしまっていたため

と思われる。

　上で示したように王の名は二つの要素からなる複合語に特徴が認められるが、とくに一般人には単一語の名も存在する。シュトルムによると、あだ名として、「雄の鹿」(OE *bucca*)、「狼」(OE *wulf*) が指摘されている。『ベーオウルフ』にはブレッカ (*Breca*<*brecan*=「突進する」)、フローダ (*Froda*<*frod*「賢い」)、ハルガ (*Halga*< 古ノース語 *Helgi* (OE *halig*「聖なる」))、ヒュイド (*Hygd*「考え」)、シュルド (*Scyld*「楯」) などがおもなもので数は多くない。上記のウルフもイエアタス族 (Geatas) の戦士を指して用いられている。だが、概して言えば、初期アングロ・サクソンの人名は、複合語の多様性に特色があると言える。

3　叙事詩『ベーオウルフ』の人名

　史実に見られる人名と詩作品に登場する人名とは共通性が認められるかどうか、まず『ベーオウルフ』の人物の名前を取り上げる。この作品には北方ゲルマンの伝説あるいは史実が一部だが記されている。この詩ではゲルマンの武人にふさわしい名がつけられているのが特徴だが、複合語による王の名が多いのは『年代記』の王の名と同じである。だが、実在した人物名が、歴史的に確認されている場合もあるので、たんに詩人の創作とは言い難い事例があるのも事実である。この詩で父と息子の命名にどのような特徴が示されているのか、まず、この点に触れておく。頭韻構成を明示するために最初だけはカナ書きの後に古英語形を示すが、それ以降はカナ書きで表記する。

デイン人の王ヘアルフデネ(Healfdene)にはの3人の息子が生まれ、長男はヘオロガール(Heorogar)、次男はフロースガール(Hroþgar)、三男はハルガ(Halga)と命名された。長男の子はヘオロウエアルド(Heoroweard)、次男のフロースガールは2人の息子に恵まれ、フレースリーチ(Hreþric)とフロースムンド(Hroþmund)と呼ばれる。三男ハルガの息子はフローズルフ(Hroþulf)と名付けられた。男子はすべてその父親の名前と頭韻を構成している。ヘアルフデネにはほかにインゲルド(Ingeld)に嫁いだ娘があり、その名はフレーアワル(Freawaru)と呼ばれた。

この頭韻による命名法はイエアタス(Geatas)族の系図にも見られる。すなわちフレーゼル王(Hreþel)の長男はヘレベアルド(Herebeald)、次男はハスキュン(Hæþcyn)、三男はヒュエラーク(Hygelac)である。ついでながら、娘の名は不祥だが、彼女はベーオウルフの父親エッジセーオウ(Ecgþeow)と結婚している。だがこの父子の間には頭韻が見られないので、息子にはシュルド(Scyld>shield「盾」)を継いだ初代の国王名Beowulfが踏襲されたことになる。したがって当時の常識から判断してこの命名には不自然さが伴う。もっともこの叙事詩のベーオウルフの名前を巡ってさまざまな議論が生じているので、この問題はここまでとしておく。

頭韻を意識した命名は上記のデンマーク、イエアタスのみならず、スエーデン王家についても当てはまる。オンゲンセーオウ(Ongenþeow)の長男はオーホトヘレ(Ohthere)、次男はオネラ(Onela)と呼ばれていることからも、頭韻による命名法が北方ゲルマン諸部族に共通の慣例であったと思われる。この慣例がアングロ・サクソンによってブリテン島に持ち込まれたことは、すでに年代記

からも明らかである。この叙事詩のなかから、人名をいくつか選んでその意味について述べておく。

まず、デンマーク王家のフロースガールは「栄光の槍」の意味を表すと考えられるが、第一要素の hroð、hreð は、「(王家の家系の)栄光と輝き」を反映すると指摘されている[4]。フローズルフの第一要素は前者と同じだが、ウルフは今日の「狼」を表す。この2人はもともとスカンジナヴィアの王家の人物だが、『ベーオウルフ』のなかで彼らに与えられた性格は、後の詩人の創作に基づくものだろう。フロースガールの兄、ヘオロガールの名はここでは「軍勢の槍」の意味だが、ヘオロはもともと「剣」を表す。この王子の名がヘオロウエアルドと呼ばれ、「軍勢の守護者」の意味である。ヘアゾラーフ (Heaþolaf) というウイルヴィング族の男性名は、「戦の生き残り」が本来の意味であるから、親が戦でも生き残れるようにと願いを込めて命名したのかも知れない。頭韻の必要からヘアゾ「戦」という語はいくつかの人名、部族名に付されている。フロースガール王の弟はハルガと呼ばれ、この語は今日の holy となる単語で、「神聖な、不可侵の」という意味を表しているが、キリスト教的含みはないと思われる。

前述の hroð の異形態 hreð「栄光」は、ベーオウルフの祖父に当たるイエアタスの王、フレッゼルとその息子フレーズリング及びフロースガールの息子フレースリーチにも見られる。最初の人名 Hreþel の語尾 -el は人を表す語尾で、2番目の Hreþling の第二要素 -ing は「……の息子」、3番目 Hreþric の第二要素 -ric は、すでに述べたように「権力、統治」などの意味を表す。このほか、「軍勢」の意味を表す here はヘレモード (Heremod)「戦の勇気」、ヘレガール

「戦の槍」に見られるが、ヘレリーチの適訳は何か。「軍勢の力」か「軍勢による統治」か、また別の含みがあるのか、断定はし難い。このような人名のうち頻度が高い語とそうでない語もあるが、他のH-頭韻語と共起して独特の連語を形成する。例えばフロースガールを例にとってみる。

hæle hildedeor Hroðgar grette（1816行）
戦で勇敢な英雄はフロースガールに挨拶した

上例では、主語 *hæle*「英雄」が後置された形容詞 *hildedeor*「戦で勇敢な」と頭韻を構成し、それがさらに国王フロースガールと頭韻を結ぶ。左半行の名詞と形容詞の共起は、意味上の結び付きが十分に期待されるが、この文脈における英雄はベーオウルフを指している。さらにこの語句と「平和を築いた人」と称されるフロースガールとの共起はこの詩の1646行でも見られる。「戦」(*hild*) およびその語を含む複合語と「フロースガール」は他の行でも頭韻を形成している。このフロースガールは *helm*「長」とともに用いられるが、それは「シュルディンガス族の長、フロースガールは語った」という定型詞に見られる。複雑な頭韻構成のパタンについては本書では省略する。

4　Ingの意味と伝説のイング

(1) Ingの意味
Ing という形態は、現代英語では現在分詞、あるいは動名詞を

表わす接尾辞であることは自明だが、歴史的に見ると、この形態の発達はきわめて複雑で、これはむしろ文法の形態論の問題である。これから述べるのは、この ing と形態は同じだが、まったく異なる接尾辞に関してである。この -ing はすでにウエスト・サクソンの系図に触れたときに述べたが、「……の息子」以外に「〜に所属するもの、〜の種類に属するもの」、あるいは「〜の性質を有するもの」、「〜子孫の者」などの用法がある。例えば king (OE *cyn*>現代英語 kin+ing) に見られる形で、名詞あるいは形容詞に基づいて男性名詞を形成する。king の語源は古英語 *cyne*- の解釈によって二通りの説がある。一つは「部族の子孫」、他は「高貴な生まれの者」である。おそらく前者の説が有力ではないかと思われる。

　ゲルマン語に共通して見られるこの -*ing* (*as*) がアングロ・サクソンによってブリテン島に持ち込まれ、人名、地名を含めて英語の固有名詞の形成に重要な影響を与えたことは明白である。最近、叙事詩『ベーオウルフ』がアングリア王家との関係を想定する新しい説が提唱されているが、この詩にはブロンディンガス (*Brondingas*)、ヘルミンガス (*Helmingas*)、フレースリング (*Hreþling*)、フレースリンガス (*Hreþlingas*)、シェビング (*Scefing*)、シュルディンガス (*Scyldingas*)、シュルフィンガス (*Scylfingas*)、ウイルフィンガス (*Wilfingas*) などのゲルマンの部族名を含めてこの形態が頻出し、とくに複数形の接辞 -*ingas* は族名を表している。

　なお、キリスト教の影響が命名法に変化を及ぼすようになったのは、時代的にはノルマン人の征服以降になってからと思われる。アングロ・サクソン時代、キリスト教徒となった国王の名にはとくにクリスチャン名の記録はない。聖職者の名前に聖書に由来す

る人物名としては、わずかにダニエル(ウインチェスター司教)とシメオン・オブ・ダラムなどか見られるに過ぎない。

(2) 伝説の Ing

独立した形態が下記の詩には人物名として現れるので、まず紹介しておこう。

残存するアングロ・サクソンの詩の一つに、『ルーン文字の詩』と称される詩があり、このなかに原文では Ing を表すルーン文字*が使われている。この語は次のような謎めいた一節に現れる。

Ing を最初に見たのは東デインの人たちであった。やがてその後、彼は波濤を越えて旅立ち、荷馬車がその後を走った。ヘアルディング族の人たちは、この英雄をこのように Ing と呼んだ。

(67-70行)

上の訳は『アングロ・サクソン詩文集 巻Ⅵ』に基づくが、テキストの読み方には相違もある[5]。「荷馬車(OE *wæn* 'wain')がその後を走った」の意味は何を表すのか判然としないが、おそらく北欧神話における女神ネルツースの描写に見られるような祭式の馬車を暗示していると思われる。英雄の名 Ing は『ベーオウルフ』のな

---

*ルーン文字(Runes)はゲルマン人が北欧やヨーロッパ大陸で使用していた象徴的記号。ゲルマン人の領土の南にいたローマ人との接触によって西暦1世紀頃から用いられ始めたと言われる。5世紀頃までには24文字、体系の変化で8世紀半ばには16の記号に減じた。最初の6文字をとってフサルク(Futhark)と呼ばれる。なお、th は本来は þ で1文字の扱い)。

かでデイン人を指すイングウイネ族(Ingwine)の英雄と関連があり、またイングウイネ族は『ゲルマーニア』のインガエヴォネス族(Ingaevones)と同一視され、Ing がこの北方ゲルマン民族の始祖名と考えられている。だが、この Ing が上記の king の -ing などと語源的にどのような関連があるのか明らかではない。なぜこのような詩がイギリスに伝えられたか、この点も明らかではない。同じように、『ベーオウルフ』の成立の背景も判然としないが、東アングリア地方に定住したヴァイキングが彼らの伝承を伝えたと考えられている。このルーン詩が到来した時代はかなり後になるとも考えられるが、北欧伝説がアングロ・サクソン到来以降の比較的早い時期に断片的にせよイングランドに導入された可能性は否定できないだろう。

5 　地名の Ing

今日のイギリスの地名、とくにサセックス、エセックス、ノーフォーク、サフォークの諸州には -ing、-ings を含む町名、村落名が相対的に目立つと指摘されている[6]。-ings は古英語の男性、主格、複数形 -ingas に由来し、「……の人々」の意味であり、-ing の場合でも複数の形態を失っていることがある。1066年、イギリスとノルマンの軍隊が対峙し後者が勝利したヘイスティング(Hastings)の戦いは有名だが、この地名は「ハースタの人々(の土地)」を表している。ハースタはあだ名で「激しい人」の意で、現代英語の hasty との関連を指摘する説もある。同じサセックス州の Worthing という有名な海岸保養地は「ウルスの人々(の場所)」を表し、この -ing は複数形 ð を失っているが、古英語の -ingas に由来しウルスは人名を表して

いる。この Worthing の現代の発音はワージングである。この近くに現在、Sompting という地域がある (現代英語 sump)。「沼沢地のそばの人々」がもともとの意味であろう。だが、今日の sump には「沼沢地」の意味はない。この -ing は時には語中に現れることがあり、この場合、-ingham、-ington、-ingdon、-ingstoke、-ingford などの形式をとるのが著しい特徴である。典型的な例を挙げると、バーミンガム (Birmingham 西ミッドランド)、ノッティンガム (Nottingham ノッティンガム州)、ダーリントン (Darlington ダラム州)、パッディントン (Paddington 大ロンドン市)、ハンティンドン (Huntingdon ケンブリッジシャー州)、ベイズイングストーク (Basingstoke ハンプシャー州)、バンティングフォード (Buntingford ハートフォードシャー州) などがある。-ham は (現代英語 home)「家屋敷、村」、-ton は (現代英語 town)「農園、農場」*、-don は (現代英語 down)「丘」、-stoke は「場所」(廃義)、-ford は「浅瀬」の意味である。バーミンガム、ノッティンガムのように -ingham を有し、前者は今日イギリス第二の大都会と発展し、後者のように中都市となったところもあるが、その数は少ない。

　上記のように地名の第一要素は、人名に由来する例の多いことが明らかだが、古くは大陸時代に、部族が形成する小集団の名に由来していると考えられる。

6　地名の特徴と語源

　語源的に地名には当然ながらその歴史がある。ブリテン島の地

＊なお、*tun* (town) もいくつかの意味があり、「囲い地」、「畑」、「庭」、「住居」、「集落」「村」と語義の拡大が見られる。「町」という語義は後の発達に基づく。

名には、先住民族のケルト系の言語、次に彼らを征服したローマ人のラテン語、さらにアングロ・サクソンの言語と、その後、彼らを脅かしてイングランドに定住したヴァイキングの古ノース語、サクソン王朝と入れ替わったノルマン人のノルマン・フランス語など、さまざまな背景が残されている。とくに地名の由来を辿ると、そのなかには今日のイギリスが形成されるに至った、民族の移動、侵略、さらにはブリテン島の支配者の栄枯盛衰を含めて、さまざまな歴史的背景が秘められているのが分かる。

　上記の順に主な特徴を記しておく。ケルト民族はブリテン島の古い地名、河川の名にその痕跡を留めている。スコットランドのおもにハイランド(高地地方)に残るグレン(glen)は「谷」の意味で、Glencoeの第一要素に、グレンよりも広い谷には*Strath-*というゲール語(ケルト語の一つ)が用いられ、それはStrathclydeに見られる。現代英語の down「丘」も Dunbar などの地名に残る。*Pen*「丘、最先端部、頂上」の意味は Penarth、Penzance などに残る。Pembroke の Pem- も同起源である。一方、川の名のエイボン(Avon)は文字通り「川」が語源とされるが、Doncaster の Don- もまたブリトン語(ケルト語の一つ)の「川」に因む。この語はロシアの Don 河、大陸の Danube の第一要素とも同じ語源に由来する。ただし、スコットランドの Don 川はブリトン族の女神 *Deuona* に由来するとされる。この名がディー川(Dee)と関連があり、都市名 Aberdeen の第二要素に見られる。エクセス川(Exe)、ドーバー(Dover)はともに「水」に由来している。イギリスで最も有名な川はテムズ川であるが、この語源は議論が分かれている。一つの解釈として、推定されるブリトン語の語根 *teme-*「川」か、あるいはさらに特殊化した「暗い

もの」という意味のいずれかに由来すると指摘されるが、前者の解釈が妥当性がありそうだ。

　次にローマ人の到来によって恒久的に残る地名がもたらされた。概してイギリスの比較的大きな都市は、ローマ統治時代に由来するものが多く、特にラテン語 *castra*-「(ローマの)軍団の宿泊地」が -chester、-caster、-cester として地名の第二要素に残る。このように軍団の居留地を中心にして、都市の多くが発達してきたのである(Margaret Gelling、1977)[7]。代表的都市には、マンチェスター、チェスター、ロチェスター、ドンカスター、チチスター、ウスター、コルチェスター、エクセター(OE *Exanceaster*)、レスター、グロスター、ウインチェスターなどである。-portはラテン語 *portus*「港」あるいは *porta*「門」に由来している。イギリス最大の都ロンドンについてはブリトン人の人名あるいは部族名(原義は「荒々しい、大胆な」)に由来すると言われているが、語源不詳という説が根強い。ラテン語由来の地名については上記に留めておく。

　次に渡来してきたアングロ・サクソン人が命名した地名は、折に触れて言及するので省略する。

　北欧から来たヴァイキングも特徴ある地名の要素を残している。英語の church にあたる北欧語は *kirk* だが、この語がヴァイキングの定着したイングランド北部の地名 Kirkdale、Kirkby、Kirkcaldy、Kirkwall に見られる。ヴァイキングの定住地(*Danelaw*)に -by「農場、村」(ON *b'yr*)の付く地名 Derby、Rugby、Whiyby が存在する。ダービーは競馬で、ラグビーはいわゆる運動競技の一つラグビーの発祥地で有名である。

　以下では、とくにアングロ・サクソン社会で重要な役割を果た

し、現在、キリスト教の大きな聖堂が存在する都市のうちからいくつかを選び、その地名の由来に触れてみる。州名は旧州名による。

　ヨーク（York　ヨークシャー州）
　ヨークはカンタベリと並んでアングロ・サクソン時代文化的に最も栄えた都市であった。イングランドで最も早い時代に学校が開かれたのもこの二つの都市である。アルクィンは8世紀後半のヨークを称えた詩を残しているが、その一部はすでに紹介した。ここでこの由緒ある都市の名の由来を辿ってみよう。イングランドでヨークほど原義が歪められ、今日に至った都市名は多くない。西暦2世紀プトレミーはこの町を *Eborakon* と記録しているが、その後この地に駐屯した軍団の砦のラテン語名は *Eburacum* となった。この二つの名はブリトン語の人名 *Eburos* に由来しおそらくこの意味は「いちい（の木）の人」で、この含意は「いちいの木立のなかにある屋敷」あるいは「いちいの木立がある屋敷」を表すと言われる[8]。後のアングロ・サクソン人にとって、このような名称は理解し難いものだったろう。結果的に、彼らはこのラテン語を「野生の豚」を表す *eofor* と受け取り、これに「住む場所」の意 *wic* をつけて *Eoforwic* という、元のラテン名とはまったく無関係な名前を創造した。11世紀後半には、この名が都市名として記録されている。ローマ人の居住地として、ヨークは *Eoforwicceaster* という名で呼ばれることがあった。やがてヴァイキングがこの町を支配する時代を迎えると、このアングロ・サクソン名 *wic* が、彼らの *vik* に改められた。後者は Viking の第一要素と同じ古ノース語

の「峡湾」の意味である。この語が内陸部のヨークにはふさわしくないことは明らかで、今度は、ヴァイキングにとって Eoforvik の第一要素は意味をなさない。10世紀には *Yorvik* として記録に残されているが、ヴァイキングはこの語を柔らかく発音するようになり、この語がやがてYorkへと変化したのは13世紀の初めとされている。ヴァイキングの *vik* は York の k に辛うじて残されたという結果になる。このように、ヨークという都市名には、ブリテン島の主(あるじ)の交替が見事に反映されている一例と言えるだろう。

ピータバラ(Peterborough ケンブリッジシャー州)

現在のピータバラ聖堂は、もともとは修道院付属の教会だった。655年、この場所にマーシャの王パエダが、最初の修道院を設立し、マーシャの貴族であるサクスウルフが初代の修道院長となった[9]。だが、この都市の名はビードによると、今日とはまったく無関係な *Medes-hamstedi* と記録されている。この *Mede* はたぶん人名に由来し、「メデスの屋敷」と解されている[10]。 この地名は7世紀に修道院があった場所に端を発したアングロ・サクソンの居住地名である。870年デイン人により破壊されたが、ベネディクト派の中心地として966年に修復された。その後しばらく新しい修道院は *Burg*「町」として知られるようになった。1333年には *Peter-burgh* に改称されたが、この名は修道院を聖ペテロに捧げたことに基づいている。後に*burgh*が今日の-boroughに改められた。現在の聖堂は古い修道院の場所に位置し、12世紀に建立されたという。

リッチフィールド（Lichfield スタフォードシャー州）

これまで、この地名の由来は *lic* が古英語の「体、亡きがら」の意味であるから、「骸が原」という意味で、初期の殉教者あるいは戦闘による犠牲者が埋葬された場所を表すと考えられていた。しかし、その名はさらに古く、ケルト語起源とされている。4世紀には *Letoceto* の名が記録にあり[11]、「灰色の森」の意味で、現代ウエールズ語 *llwyd*「灰色の」と *coed*「森」、「森林」と関連がある。もっとも *Letoceto* はリッチフィールドの南西2マイルにあったウオール村のローマ軍駐留地を指したと言われる。ケルト語の地名の第二要素が間違って古英語の *feld* に同化されたという説がある。だがこれには異説があり、ケルト語の *Letoceton* が古英語の *Licced* となり、これに *feld*（>field）が付加されたという。ビードの古英語訳では *Liccedfeld* と記され、「森の空き地」の意である。この聖堂の起源は、マーシャの初代司教チャドが、この地を7世紀後半に司教座としたことに始まる。マーシャは9世紀デイン人の襲撃を何度も受けた。ウインシイ司教の時代、この聖堂は有名な7世紀の福音書を取得し、以来、この聖書は聖チャド（Chad）の福音書として知られている。リチャード2世と係わりのある都市でもある。のちに、この地のグラマースクールでアディソン、ジョンソン博士などが教育を受けたことが知られている。

イーリー（Ely ケンブリッジシャー州）

673年、エゼルドレダが修道僧、修道尼のために双子の修道院を建設した。彼女は東アングリアの王アーンナの娘で、ビードに

よると、ノーサンブリア王エッジフリッスは彼女を后としたことが記されている。彼女はこの修道院の尼僧院長となり、アングロ・サクソン時代の最も有名な女性聖人と言われる(『教会史 巻iv、19章』)。ところで、この Ely の語源はビードのラテン語版では *Elge* と記され、もともとは複合語で「鰻地方」の意味だった。*el* は今日の eel を、*ge* は「地方、地域」を表している。ところが、この名がビードの古英語訳では *elig* と記されている。*-ig* は古英語 *ieg*「小島」に由来するから、「鰻小島」へと意味が変化したことになる。イーリーの町はウーズ川に接した沼沢地にあり、当時は現在以上に周囲を沼地で囲まれ、今日の町が発展した地域は、地形的にもさながら小島の感を呈していたと思われる。ビードはこの沼沢地方では鰻が大量に取れるから「鰻地方」という名を得たと記しているが、この地方を「小島」とは解していないことは上記のラテン語の語形が示している。

ソールズベリ(Salisbury ウイルトシャー州)

ラテン名は *Sarum* で、教区の創立は705年と言われる。当時、聖堂はシャーボンにあり初代の司教は聖アルドヘルムだった。1075年ウイリアム征服王の指示で、*Old Sarum* に司教座が移され、この地は現在のソールズベリの近くで、当時は人口の多い砦があったと言われる。しかし、現在の地に聖堂建設が開始されたのは1220年のことだった。この町の語源について述べると、この居住地のローマ名は *Sorviodunum* と呼ばれ、この第二要素 *-dunum* は「砦」を指している(cf. コルチェスターの古名 *Camulodunum* を参照)。第一要素 *sorvio-* の意味はケルト語起源で、意味を理解し難いアン

グロ・サクソン人は、彼ら自身の語 *searu*「計略」と結び付けたと言われる。さらにラテン語の第二要素を *burg*「町」と入れ替え、この結果『土地台帳』では *Sarisberie* と記録されている。ノルマン人は *saris-* の r よりも l の方が発音するのに容易と考え、今日の綴りとなったと説明されている[12]。

ウインチェスター（Winchester ハンプシャー州）

この町の古名がラテン語で *Venta Belgarum* と呼ばれ、この町がブリトン人の部族の首都だった時代がある。*Venta* はケルト語起源の語で「お気に入りの場所」を意味し、したがってラテン名のこの町は「ベルガエ族が気に入った場所」を表している。ビードは『教会史 巻iii、7章』で「サクソン人がウインタンカェスティルと呼んでいるヴェンタの都市」と記しているので、彼の時代まで、このラテン名が使われていたと思われる。この *Venta* が Win- として今日の名に残り、-chester は Manchester、Doncaster の第二要素と同じく「ローマの軍団の駐屯地」を指している。ついでながら、*Belgarum* はベルガエ族を指し、この部族名は「誇り高き人々」の意味で、ケルト語の語根 *belg-* に由来している。今日のベルギーはこの語に由来し、現代英語の bulge「ふくらむ」はこのケルト語と関連がある。今日、南ウエールズに Gwent という州があり、この名も同上の *Venta* との関連が指摘されている。ウインチェスターのキリスト教の歴史は判然としないが、ブリテン島では最初のキリスト教の教会がこの地に建てられたのは２世紀後半とされているから、ブリトン人のなかにキリスト教が布教され始めていたことが推測される。だがサクソン人がこの地に到来した前後の状況

は、あまり知られていない。キリスト教の影響が再確立したのは7世紀と言われ、670年頃、この地のキリスト教はドチェスターからこの地に司教座が移されたことから始まると言われる。ウインチェスターの町は、アルフレッド大王が幼年期を過ごし、成人となってからデイン人と戦い、やがて国王として君臨し、死後、埋葬された都市である。アルフレッドの時代にこの都で、『アングロ・サクソン年代記』が書き始められた。通称パーカー年代記と呼ばれる写本は、今日ケンブリッジ大学コーパス・クリスティ・カレッジの図書館に所蔵されている。アルフレッド大王の個人教師は聖スウイズンとアッサーで、後者はアルフレッドの伝記を書いたことで知られる[13]。

　以上のように、地名はさまざまな隠された情報を提供してくれるので、語学的のみならず、歴史的にもきわめて有益である。聖堂に関連した都市のみを取り上げたが、さらに数多くの言及すべき比較的小さな町村名もあるが、ここでは言及は省略する。

第3章 ことばの諸相

　ゲルマン人(アングロ・サクソン人、北欧の諸部族などを含む民族)はすでに大陸時代に交易によってローマ人と接触してラテン文化を吸収していたことが知られている。

　現代英語の基本単語 cheese、butter、pea、table、mile などがすでに大陸時代ゲルマン人の共通の用語であったが(第1章参照)、アングロ・サクソン人がブリテン島に到来して以降、キリスト教を受け入れる過程で多くの教会関連のラテン語を導入した。この点についてはすでに第1章で述べた。この章ではアングロ・サクソンが大陸からもたらしたゲルマン語の一つである英語がどのように使われていたか、あるいは外来のラテン文化に対して英語がどのように対応したか、このような面に留意して以下の問題を考える。

1　地位、身分などを表すことば

　社会の頂点を表す king はもともと2語の *cynn* (> kin) と ing から成り立っていた語だが、古英語では *cyning* という形で現れ、意味は「親族(の一員)」であった。アングロ・サクソン時代には他に国王

を指して *hlaford* と *dryhten* という語があり、詩では独特の表現を発達させていた。一例を挙げると、王を「宝物を与える人」と呼び、これは戦で手柄を立てた武士に褒美を与えることが習慣であったことに基づくと思われる。前者の*hlaford*については下記のlordの記述で言及する。

　王の下には貴族が存在し *eorl*(>earl「伯爵」)と呼ばれるが、この語は多くの意味があり、「勇者」、「武士」、「長」から「太守」、「貴族」へと語義が特定化され。現代の「伯爵」の意味は12世紀の20年代からとされている。この語は現代英語で貴族の階級を示す唯一のゲルマン起源の単語であるが、語源は不祥である。

　この時代の単語で身分を表す単語の多くにはいくつかの意味があるので文脈で判断しなければならないが、チェオルル(*ceorl*>churl)もその一つである。一般的には「人」、「自由小作農民」、さらに階級的には「最下層の自由民」の意味で用いられることがある。法典のなかではこの意味でしばしば用いられている。Charltonという地名は「チェオルルの村」(*tun*>town)つまり「自由小作農の村」に由来する。だがチェオルルにはこのような「農民」以外に、地名辞典によると「農奴」の意味があり、アングロ・サクソン時代に荘園制度がすでにかなり進んでいたと指摘されている[1]。

　この時代を通して語義の変遷が見られることばの一つに*ealdorman*がある。辞書の定義によると「支配者」、「長」、「州長官」、「最高位の貴族」、「(民間あるいは聖職の)高官」の意味で alderman「《英》市(州)参事会員」に残る。一方社会の底辺の人を指す言葉に*esne* がある。エゼルベルトの法律では「奴隷」と同じような位置にあるとされ、アルフレッドの法律では不明確ではあるが、雇い人

の意味らしいと指摘されている。その他「召し使い、男、青年」、ときには「貧しい自由人」の語義も与えられている。

　lordとladyは今日きわめて身近な単語であるがOEDによると、この両語はもともと2語からなる複合語の *hlaford* と *hlæfdige* であり、*hlaf-* は「パン、ケーキ、食べ物」の意味では、現代英語に見られる loaf「パンの塊」の古形である。前者はすでに「主人、支配者、夫、神」などの意味があり、後者は「(召使いを監督する)女主人、(城や邸宅の)奥方、夫人、女王」の意味で用いられていた。前者の第二要素は *weard*「番人」の短縮形と考えられ、*hlafweard*「執事」が元の形だが、*hlaford* と *hlafweard* とは意味が区別されていた。いずれにしても両語が「パンを守る人」が原義であったらしい。一方、後者の第二要素 *dige*「捏ねる」は現代英語と直接結び付く形態はないが、dough「(パンの)生地、練り粉」と関連がある。つまり「練り粉を捏ねてパンを作る人」が原義ということになり、lord も ladyももともとパンと関係があるのは興味深い。

　上で *weard* という古語について触れたが、steward「執事」の -ward にその発展した形を留めている。古英語では「(王家などの)役人」の意味で使われたが元の形態は *stigweard* で *stig-* はおそらく「家、広間」の意味だが、この語は現代英語の sty(e)「豚の囲い地」と関連もあるようだ。因みに Stuart という姓はこの語に由来している。

　アメリカ西部劇でおなじみの sheriff「保安官」という語も、もとは2語からなっていた。古英語では *scir-gerefa*「州の行政長官、代官」の形で、*scir-* は shire「州」に、*gerefa* は reeve にそれぞれ形を変えて現代の英語に残る。イギリス英語では州を表すのに county(アメリカ英語では「郡」の意味)を使うが、例えば固有名詞と結合する

ときはCambridgeshireのようにshireが使われる。

　家族関係あるいは同族の関係を示す語をいくつか紹介する。*ealdfæder*(old father)、*foregenga*('fore'+goer)は「先祖」、「独身者」は*anhaga*、「祖父」は *ealdefæder* で、前掲の「先祖」と語形が酷似している。「祖祖父」は*Þriddafæder*(the third father)、同じ考え方で「ひ孫」は *Þriddasunu*(the third son)だが、三番目の息子ではなく「三代目の息子」という意味である。*highfæder*(highfather)は「長老」を表す。*cumpæder*(<Latin *compater*)は godfather「名付け親」でキリスト教の影響を受けている。「男、男性」を *wæppned-mann*「武器を取る人」という複合語でも表すことがあったが、これは戦乱に明け暮れたアングロ・サクソン時代の一時期の特徴を暗示している。

2　技術、学問を表す用語

　古英語から現代英語に残っているcraftという語がある。今日の意味は「技巧、技能；工芸；悪巧み」、さらには spacecraft「宇宙船」の第二要素にも用いられている。アングロ・サクソン時代この語は「学問、術」の意味で複合語の第二要素として活用され、例えば「医術」を表す*læcecræft*という複合語があった。*læce*は「医師」の意味だが、この時代、この語には「蛭(ひる)」(leech)の意もあった。もともと別語であったと考えられるが、血を吸い出す目的で外科治療に「蛭」を使ったので「医師」と混同されたらしい。

　『教会史』には、血を抜く話が語られているので紹介する。ある尼僧院を訪れたヨークの司教ジョンは僧院長から尼僧の一人が(院長の娘)がひどい病にかかり、腕から放血したが、激しい痛み

に襲われ、傷ついた腕は悪化し腫れて、腕を回すことができないくらいですという話を聞いた。さらに院長は「司教が彼女を祝福してお手で触れて頂ければ、彼女はずっと良くなると思うので、どうか彼女のもとを訪れて祝福を授けて頂きたい」と要請する。それを聞いて、「いつ放血したのですか」と司教が尋ね、それが月の4日と聞くと司教は叫んでこう言った。

> 月の4日に血を抜くとは愚かで無知なことをしたものです。いまは亡きセオドール大司教様が昔よく「月が満ち、潮が流れているときの血抜きはとても危険です」とおっしゃっていたのを覚えております(巻v、3章)。

この方法は近代医学が十分に発達するまで、ごくふつうに行われていたようである。例えば18世紀にスモーレット(Tobias G. Smollett, 1721–71年)の書いた『ロデリック・ランダム』にも老医師が放血を指示する描写がある。また、ワーズワース(William Wordsworth, 1770–1850年)のある詩には蛭取り老人の話が書かれている*。この老人は血を吸い出してくれる蛭を取っていたのであろう。このような放血の治療は古くから受け継がれていたが、*læcecræft*「医術」という語には「蛭」と「医師」が同一視された結果による興味深い偶然が隠されている。古英語の辞書には40近い *cræft* を含む複合語が記録されているが[2]、主に「術」、「技」という意味合いが強いようである。例えば、「学問」は *boc-cræft* あるいは

---

*この蛭取り老人は「決断と自立」("Resolution and Independence")に登場する。

leornung-cræft と称され、つまり前者は「書を読む術」(*boc*->book)に、後者は「学ぶ術」(*leornung*>learning)に由来している。同じく *deofol-cræft*「悪魔の術」は「魔法、魔術」を、*dry-cræft* の第一要素は「魔術師」の意味であるから、これも「魔法、魔術」(*deofol*>devil)を表している。*dry-* はケルト語のドルイド*に由来する語である。*dwol-cræft* も文字通りは「異教的な術」という意味だが、この語は何かオカルト的な魔術を表すものと思われる。*wicce-cræft* は現代英語に witchcraft として残る。アングロ・サクソン時代、「魔術」を表す語が多いのには驚かされるが、それだけ異教の風習が根強く残っていたことを反映するのだろう。次の *sang-cræft*「歌唱術」の第一要素は「歌」の意味であるが、「詩作」、さらに「楽器演奏」の意味が記されている。以下では複合語の第一要素の意味を記すと、*dream-cræft*「音楽」では「喜び」(OE では「夢」の意味ではない)、*flit-cræft*「弁証法、論理学」では「論争」、同じく *rimcræft*「算術」では「数」、*stæf-cræft*「文法」では「文字」、*tungol-cræft*「天文学」では、「星」の意味である。

この *cræft* が「心」と結合した *mod-cræft* は「知性」を、「賢さ、知恵」との複合語 *snytro-cræft* は「叡知」の意味を表すが、抽象度が高くなると理解し難い場合もある。今日では「詩学」と呼べるような表現として *word-cræft* があり、「ことばの技術」が原義である。また、*scop-cræft*「詩人の技」で、当時はたんに「詩」を表していた。以上のようにアングロ・サクソン人はラテン文化からの新しい技術、

---

*古代のゴール、ブリテン島、アイルランドで行われていたドルイド教の祭司。語源については『英語語源辞典』(研究社、1997年) Druid を参照。

学問に対応すべく英語を十分に駆使してさまざまな表現を生み出す方法を確立していたのである。

3 キリスト教用語の導入と古英語の転用

キリスト教の導入とともに、ラテン語が古英語にもたらされた。すでに触れたように今日の church、martyr「殉教者」、monk「修道僧」、abott「修道院長」、apostle「使徒」などは皆ラテン語からの借用語である。とくにキリスト教関連のことばはそのまま借用したほうが手っ取り早いが、かなり重要な用語が英語によって置き換えられている。この転用の問題だけを取り上げてもかなりのスペースを要するので、ここではもともとキリスト教とは無縁な古英語の単語が、転用された結果キリスト教の重要な概念を表すようになるごく一般的な語彙を取り上げて述べる。

Gospel「福音」は古英語では *godspel* と表記された。good と spell（「知らせ」の意味）との複合語で「良い知らせ」が文字通りの意味だが、やがて *god* は「神」と誤解される場合が生じた。だが、中英語の時代にこの語の d が発音されなくなり今日の語形となった。この両者は古英語で形態上は同じだが「良い」は長音の *gōd*／ゴード／と発音され God と区別されていた。ついでだが、God は元来ゲルマン語で異教神を指すことばだった（語源は不明）が、キリスト教が普及してから今日の意味で用いられるようになった。なお、「福音書」は *godspellboc* と書かれるが（*boc*>book）、実際には *Cristes Boc*「キリストの書」として表されるのが一般的だった。

次に Easter「復活祭」だが、この祭りはゲルマンの春祭りの女神

エオストレ (Eostre) に由来している。キリスト教から見れば、エオストレは異教の女神であるが、春は万物が再生する季節であり、それがキリストの復活と結び付けられたのが転用の理由であろう。

現代英語の bless「十字をきって祝福する」は古英語では *bletsian*、*bledsian* と綴られ「血で清めるために印をつける」が本来の意味だった。*blet-*、*bled-* は blood「血」を表している。アングロ・サクソン人の11月が *blodmonað*「血の月」と呼ばれていたが、これには「生け贄を捧げる月」という含みがあった。語源的には、bless「祝福する」と bleed「出血する」はともに blood に由来しているのである。

さらに、既存の英語を使って新しい概念を表す用法には次のような語も含まれる。例えば Christmas という語が古英語時代の末期に英語に借用されるまでは、その代わりに Yule が用いられていた。この語は冬至の頃に行われたゲルマン民族の祭りを表わすことばで、キリスト降誕と冬至の祭りが結び付けられたからである。これは上述の復活祭の場合と同じである。同じく Christianity「キリスト教」ということばが英語に借用されたのは14世紀になってからで、それまでは Christendom が17世紀の前半まで用いられていた。だが、この語は「キリスト教」の意味では廃義となった。Christendom は現在では廃語となった christen（ラテン語からの借用語）に英語の接尾辞 -dom をつけた形で造語法の一つのパタンを示している。

キリスト教の「三位一体の神」を表すのに 'threeness'「三つの性質を有するもの」が長い間用いられ、13世紀になって初めて trinity が借用されたのである。さらに興味深い例は「祭壇」を表す *weofod*

だが、もともとは *wig-beod*「偶像用のテーブル」の意味だから、Easter の場合と同様、この語の使用には大胆な転用が見られるのである。*weo-* と *wig* はすでに「偶像」との連想を失なっていたと考えられる。関連してひとこと補足すると、バークシャー州の Weedon という地名に残る *Wee-* も本来は「偶像」の意味で、*don*(現代英語down)は「丘」を指し、「偶像の社のある丘」を表していた。*don* はケルト語起源で今日の名詞 down はこの語に由来する形だが、イングランド南東部の白亜質の丘陵地帯は the Downs と呼ばれている。

4 色彩を表すことば

色彩学的に言えば色彩(colour)は色相(hue)、彩度(chroma)、明度(brightness)の三要素からなるが、とくに古英詩では色彩の特徴は色相が重視されていたと言えるだろう。色彩を表すために本来の個別的な色彩語によらずに色合いを表す語が転用される。比喩的な言い方に従えば「古英詩は明暗と白黒の文学」であり[3]、「『ベーオウルフ』は光り輝く昼とこの上なく暗い夜、明るい酒宴の広間と暗い荒地の詩」と評されている。この指摘にはアングロ・サクソン人の色彩感覚が的確に述べられている[4]。この明暗のコントラストこそ、この時代の色彩の実態を象徴するものであろう。文化が発達するにつれ、色彩を表すことばが増えていくことはよく知られているが、英語においても色彩語の数は時代の進展とともに確実に増加した。チョーサー(1400年没)の時代を経て近代英語期にかけて色彩語の増加は「借入・複合・派生という方法によっ

て、その類義語あるいは近接した色名が増加していった」と指摘されている[5]。だが、古英語を読むと基本的色彩語は今日のそれと大差ないことに気付く。さらに巧みな複合語形成によってかなり多様な用法があるのが分かる。古英語から発達した現代語の色彩名を現代英語訳とともに( )に示す。アングロ・サクソン時代から現代にまで残る英語の色彩名をまず取り上げてみよう。

brune leode (brown people)「褐色の人々」(『出エジプト記』)：この句は皮膚の色が褐色のエチオピア人を指すと解釈されている。

geolwe linde (yellow shield)「黄色い盾」(『ベーオウルフ』)：盾はシナの木で作られていた (参照 linden)。

fealwe stræte (fallow street)「薄茶色の道」(『ベーオウルフ』)：現代英語に残るこの形容詞の意味は「淡黄色の」、あるいは「赤黄色の」と説明されている[6]。

grene grundas (green grounds)「緑の大地」(『アンドレアス』)

æscholt græg (spear grey)「(先端が)灰色の長槍」(『ベーオウルフ』)：「長槍」はトネリコ (ash) の木で作られた。

read clæfre (red clover)「赤つめくさ」(『アングロ・サクソン辞書』)

æges hwit (white of egg)「卵の白味」(『アングロ・サクソン辞書』)

hrefn blaca (black raven)「黒いワタリガラス」(『ベーオウルフ』)

prupren hrægl (purple vestment)「紫色の衣装」(『アングロ・サクソン辞書』)

以上のように「白い、黒い」を含めてだが、基本的な色彩名はほぼ出そろっていると言えるだろう。

複合語として *brunbasu* (dark red)「深紅色の」がある。*basu* は現代英語には残らなかった。dun (<OE *dunn*)「暗褐色の」という現代語があるが、古英語では「褐色の」、「黄褐色の」(tan) という語義が認められている。*dungræg* (dusky) は dun と grey との複合語だが、このような造語法はすでにアングロ・サクソン時代に確立していた。

多義性は *fealu*「淡黄色の」(>fallow) にも見られ、他に「暗褐色の」、「黄色い」の語義が示されている。この複合語には *æppelfealu* (apple yellow)、「赤褐色の」(bay) に加えて文脈によっては「オレンジ色の」意味が与えられている。

今日では「黄色い」は yellow (<*geolo*) であるが、この語にも *geoluhwit*、すなわち yellow と white「淡黄色の」(pale yellow) との複合語がある。

以上のような通常の色彩語以外にこの時代にはいくつかの色合い (hue) を表していたと思われる語として次の単語がある。*sweart* (black)、*wonn* (black, dark)、*hasu* (grey, tawny)、*haswan* (grey)、*gold* (現代英語と同形)、*fæger* (>fair、blond(e))、*liht* (light)、*dox* (dusky)、*har* (grey-haired)、*gylden* (golden) などが諸作品に見られる。*hwita helm* (white helmet) という表現では *hwita* が色彩の「白い」ではなく、「輝いている」の意味で「輝く兜」を表わしている。

病気治療の薬草に関する記述には、植物名が頻出するので、その色彩名の記載が期待されるが、「赤い」、「白い」、「黒い」、「黄色の」、「緑の」、「紫の」、「茶色の」が主要な形容詞である。あるまじない詩には「毒」を形容することばが多用され、上記以外に「青い」が用いられている。だだし現代英語の blue ではなく現在は廃語となった *wæden* で、この語義は植物の woad から「大青色の」、「青

みを帯びた」、「紫色の」であり、空の澄んだ「青」とは異なっている。後述のように blue は借用語であり今日の色彩を表す基本語としてこの形容詞だけはアングロ・サクソン時代には存在しなかった。「灰色の」はすでに他の作品で見られるが、この詩では薬草の描写にこの色は使われていない。いくつか微妙な色合いを表す *fealu* (>fallow)「黄赤色の」「濃い紫の」ような語も用いられているが、その数は少ない。この多義性のある形容詞についてはすでに述べた。

　ビードの『教会史 巻 i、1章』には、ブリテン島で採れる貝類の描写があり、そのなかのムール貝からは、赤、紫、薄紫(ヴァイオレット)、緑色の真珠が見つかるが、たいていは白い真珠で、さらに鳥貝からは深紅色の染料が取れるという記述があり、色彩についての情報を提供してくれる。ビードの上記作品の古英語訳に見られる *weolocread* は「紫の」という訳語が与えられているが、第一要素は「鳥貝」、第二要素は「赤」の意味を表している。しかし、この単語は「深紅色の」意味もあり、文脈によって語義が変わることがある。

　アングロ・サクソン時代の色彩について、とくに詩に見られる色彩語に関する研究もすでにいくつかあり、興味深い事実を教えてくれる。これまですでに知られている古英語の色彩語について、一般的に指摘されている事実を述べておく。形容詞 blue が英語に初出するのは1300年頃で、「空色の」意味で古フランス語からの借用語である。海との係わりが深い、海洋民族のアングロ・サクソン人が、blue として識別される色彩をどのような言葉で表現していたのだろうか。『出エジプト記』には *se hæwene lyft*「青い空」とあ

るが、このような例はきわめて少なく、研究者によっては、dark と呼んで満足していたのだろうと述べている[7]。だが、hæwen には「紫の」、「空色の」、「灰色の」など、語義の多様化が示されているので、色彩の分化が今日のように進んでいなかったのは明らかである。

単一の色彩で、最もよく用いられた色は green で、以下 red、yellow と続くが菫色、藍色、オレンジ色を表す形容詞はないと言われている。古英詩、とくに宗教詩では green がしばしば見られるが、叙事詩『ベーオウルフ』にはその用例がない。前述の fealu「黄赤色の」、brun「茶色の」は用いられているが、前者は現代英語の fallow「淡黄色の」となる。だが、上記の語義以外に fealu には「黄色の」、「黄褐色の」、「暗褐色の」、「灰色の」、「薄黒い」、「黒ずんだ」などの語義が与えられ、色相の範囲は薄い黄色から黒に近い dark まで包括し、やはり色彩の未分化の諸相を示している。brun (>brown)「茶色い」は dark、dusky のような暗い感じをおもに表すために使われているが、グレンデルの母親が引き抜いた短剣を形容する brunecg は「刃が輝く」の意味であり、また brunfagne の brun も色彩ではなくヘルメットの光沢を表していると考えられ、「黒光りのする」の意味に近いだろう。無彩色の「白い」と「黒い」については後述する。

red は何よりも血を連想させる語だが、上記『ベーオウルフ』には用例がない。グレンデルやその母親、火竜との対決、各エピソードでの格闘や戦闘で、当然流血の場面が語られるが、色彩語の red の代わりに詩的効果を意図した「血のように赤い」(現代英語 bloody)、「血に染まった」(現代英語 blood-stained)などが選択されて

いる。この種の用語はたんなる頭韻の要求によるだけとは言えない側面がある。次の頭韻形成語句 bona blodigtoð は「血塗られた口を有する殺人鬼」の意味でグレンデルを指している。bona はたんに「殺し屋」、blodigtoð の逐語的意味は「血で歯が赤く染まった」である。このように二次的表現を使って色彩を連想させる方法は古英詩に共通して見られる技巧である。『薬草標本集と四足動物から得られる薬剤』(cxxxi) には「血のように赤い」(bloodred <OE blodread) という表現が見られ、つまり「真っ赤な」の意味を表している。

　無彩色の「白い」(OE hwit) は、「明るい」、「輝く」、「きらきら光る」、「ピカッと光る」などの語義が辞書に示されている。一方、同じ無彩色の「黒い」(OE blæc) も古英詩では最も多用されている単語で、dark の意味で使われる文脈もある。この二つの単語には、それぞれいくつかの類義語があり、前者には、beorht (>bright)、leoht (>light)、scir (bright)、scinande (>shining) など、後者には、deorc (>dark)、þeostor (dark、gloomy)、sweart (swarthy、black、dark)、dunn (dingy brown、dark-coloured)、wann (dark、dusky) がある。

　これらの単語はとくに宗教詩で多用され、比喩的意味も発展している。なぜこれらの単語が宗教詩に多いのか。この理由はキリスト教的題材を扱う宗教的な詩では白と黒、及び光と闇のコントラストは天国、天使、聖者、喜び、祝福と地獄、悪魔、悲哀、恐怖などを象徴すると指摘されている。例えば、この二項対立的表現はジュニアス写本の『創世記』などに著しいが、これは聖書の内容に由来すると考えられる。なお N. F. Barley は明暗を軸とした場合、白と黒との中間色として græg (>grey)、basu (purple、scarlet、 crimson)、*har*(hoary、grey)を指摘している。上述のように基本的色彩語として green と yellow を除くと、ほとんどが色相(hue)の重なりを示している。色相という観点から見れば *hæwen* は blue と purple を含み、*basu* は、purple、scarlet などの色彩を表すことができた。red が gold を修飾する場合はむしろ黄色に近い色相を示している。(中世医学でしばしば言及される体液(humour)の一つ「胆汁液」は、*red colra* と呼ばれているが、この *red* には「黄色い」に近いニュアンスがあり、「黒胆汁液」(melancholy)と対比される)。視覚的効果を狙った *hæwengrene* には「空色の」の意味が与えられているが、字義通りは blue-green であるから、これが意図する真の色相はかなり微妙なニュアンスを表していると言えるだろう。あるいはまた、*basuhæwen*「青紫の」、*glæsgrene*(glass-green)、*readbasu*「赤紫の」、*geoluhwit*「淡黄色の」などの複合語の使用は微妙な色合いを表現しているように思われる。

　色彩学では、人間にとって「赤い」、「黄色い」、「緑の」、「青い」を心理四原色と呼んでいるが、アングロ・サクソン時代、詩人や文章家、翻訳者は色彩を表す場合、色彩語が少ないために表現したいと思う色彩に、最も近い既知の色彩語を心理的に選択せざるを得なかったと思われる。上記の四原色のうち *fealu* が時と場合によって、さまざまな色相を表したのも心理的要因に基づいていると言えるだろう。このような色彩語の使用が色彩の未分化を助長し、同一語に多義が生じる結果となったと思われる。色彩に関する考察は一つの文化のなかに深く位置付けられる問題を含んでいる。「色彩視覚の研究には、物理学、心理学、生理学を含めて多くの研究分野が含まれる」[8]と指摘されているように、この問題

はきわめて複雑な面を有している。明暗を主体とする興味深い表現も他に数多く見られるが、たんに引用を繰り返すだけでは古英語が頻出し、記述が複雑になるので省略する。

5　失われた詩のことば

　散文の言葉に対し、明らかに詩では独特のことばが発達していた。これはアングロ・サクソンのみならず北方ゲルマンについても言える特徴である。例えば、海を表す単語の多様性には驚かされるがその大半は失われている。『ベーオウルフ』には海を表す言葉がおよそ20語、他の詩を含めるとその数は50語以上、失われた文献などを考慮すると、海、水、さらに関連する概念を表す比喩的表現を含めて、その数は100を越えるだろうと推測する研究者もいる。当然、この数には散文あるいは詩のいずれにも用いられる語が含まれるが、大半は後者で見られる語彙である。今日まで残っている代表的な語は sea、flood、stream、water などで、形容詞 deep の名詞的用法を含めることもできるが、それ以外の語は標準英語からは姿を消してしまった。

　海と言っても一概に皆同じものを指したわけではなく、海のさまざまな面を描こうとして使われ、むしろ海を表す一般的な用語は数が少なかったと言えるだろう。例えば、*holm*、*hrycg* は海のうねりを、stream は海流を、flood は潮流を、上記の *hrycg* はまた波頭を表した。詩的表現について言えば、その特徴は複合語に見られるが、主な表現について述べてみよう。

　例えば、stream と flood を含む複合語の *merestream*、*lagustream*、

eastream、*wæterflod*、*brimflod*、*mereflod* などは海を表すごく一般的な表現として用いられた。発想を少し変えた表現としては海に生息する生物名の後に、それが集う場所や住む場所、行き交う道を表す名詞を付して海を表す詩的な表現がある。*fices eþel*「魚の国」、*hwæles eþel*「鯨の国」、*mæwes eþel*「鴎の国」、*hronrad*「鯨の道」、*swanrad*「白鳥の道」、*seglrad*「海豹の道」などは典型的な例である。以上の複合語の第一要素はそれぞれ現代英語に残る単語であり、*rad* は road と綴りが変化するが、この語はたんに道を表すのではなく、集う場所を表すという解釈もある。このような表現法はケニング(kenning<古北欧語*kenningar*)「代称」と呼ばれている。

以下では、『ベーオウルフ』と『出エジプト記』から、それぞれ「海」を表す一節を引用する。

かくて舳先泡立てる船は風に駆られさながら小鳥のごとく波うねる海を越えて行った。　　　　(『ベーオウルフ』217−18行)

この文脈はデンマーク王、フロースガールの館が、怪物グレンデルの襲撃を受け、その狼藉による王の苦境を伝え聞いたベーオウルフとその一行がイエアタスの国から船出した場面を描いている。「波うねる海」と訳したのは、原文に*wægholm*とあり、*wæg*には「動き」、「水」、「波」、「海」の語義が与えられているが、*holm*にも「波」、「海」、「太洋」の意味があるからである。詩人はたんに頭韻構成上、同義語を重ねて「海」を表しただけでなく、文脈にふさわしい用語の選択に配慮したと考えられる。

海は陸地に崩れ落ち、大気は震え、(海の)胸壁は瓦解し、波は砕け散り、海の塔は徐々に消え失せた。

(『出エジプト記』482－84行)

上の一節はモーゼが率いるイスラエルの民が紅海を渡り終えた後で、二つに分けられた海が元に復する場面の描写である。「(海の)胸壁」と「海の塔」の二つはともに、海のなかにできた道の両側に聳(そび)え立つ海水の壁を指している。この一節を含む文脈は、この詩のなかで最も迫力に富む表現が多用されている。

海と直接関係のある船についても比喩的表現に富んでいる。これはまたアングロ・サクソン民族が海と密接な繋がりのあったことを示し、現代英語のhelm「舵」、boat、mast、oar、rudder、ship、sailはすべてゲルマン語起源の単語である。古英詩『出エジプト記』では、エジプトを脱出したイスラエル人が越えて進む砂漠は海に譬えられ、彼らはさながら船の乗組員のように seaman「船乗り」と称されているが、これはかなり現実感に裏付けられた表現である。

詩のなかで船を指すために *far* という語が使われる時もあるが、一般的には道、通路、旅などの意味であり、もとは *faran*「行く」という動詞に由来する(この動詞は farewell の第一要素に残る)。「船」を表すこのような用法は、便宜的なものと思われる。さらに韻律の要求を満たす目的の *brimwudu*、*sæwudu*、*wægbord* という複合語はいずれも原義は「海の木(板)」で比喩的に船を表すが、ぎこちなさが感じられる。*sæ*(>sea)を除いて第一要素は廃語、古語を含めて「海」を表すが、第二要素はそれぞれ現代英語の wood あるいは board である。*flota* も船の意味で用いられるが、しばしば *sæflota*

「海に浮かぶもの」、*wægflota*「波に浮かぶもの」などのように複合語化される。『創世記』にはノアの方舟が *merehus*「海の家」と呼ばれている。この *mere* は詩語あるいは古語として今日の辞書にも記載されているが、ワーズワースの故郷であるウインダミア湖 (Wind*er*mere) あるいは *mer*maid「人魚」のイタリックの部分に残っている。「海の馬」が船を指す例として *sæhengest*、*sæmearh* がある。海の表現と比較すると精彩を欠くように思われる。

上記のような主として複合語を使った比喩的表現をケニング (*kenning*)「代称」と呼ばれることは上で述べた。ケニングは古英語のみならず、古ノルド語(アイスランド語を含む古北欧語)を初めとする他のゲルマン語にも見られる詩的表現で、ゲルマン共通の技巧と見なされている。海、船以外に興味深い典型的なケニングを紹介しておこう。

太陽、月、星などのように空に光り輝く天体を *heofoncondel*「天の蝋燭」と称するが、このケニングはシェイクスピアの『ロミオとジュリエット』の night's candles「星」(Ⅲ、5. 9)を想起させる。『出エジプト記』の *heofoncol* (*col*>coal)「空の石炭」とは焼け付くような太陽を表しているが、*wuldres gim*「栄光の宝石」、*wyncondel*「喜びの蝋燭」などは文脈を離れると理解し難い例の一つである。光源としての蝋燭は日常生活のなかでおそらくただ一つの光り輝くものであったろう。したがって、*godes condel*「神の蝋燭」のように candle が多用される結果となったと思われる。『ベーオウルフ』には *beorht beacen godes*「神の光り輝く狼煙(のろし)」が見られ、キリスト教的表現とはいえ *beacen* (>becon)は戦乱に明け暮れた当時の生活の一面をかいま見せてくれる語と思われる。

キリスト教の布教が浸透するにつれ、詩の表現もさまざまに潤色され、とくに宗教詩にはその傾向が強く、天国、地獄、天使、悪魔のような表現には独特の詩語が発達する。「天国」は *engla eard* 「天使らの国」、*wuldres byrig* 「栄光の町」、*ece eard* 「永遠の国」、*heofonrice* 「天国」など多彩な表現が見られるが、キリスト教文化の導入とともにラテン語からの表現の影響も大きい。本来の英語である「空、天」を表す *swegel*、*uprodor*、*heofon* が新しい含意を表すようになった。詩語ではないが、hell も大きな意味上の変化を受ける語の一つで、本来はゲルマン的な「死者の赴く場所」の意味だったが、やがて今日の「地獄」の意となった。この意味の hell が詩のなかで *grund* (>ground)「奈落」、*se hata grund* 「熱い奈落」、*se þystra ham* 「闇の家」、*manhus* 「犯罪の家」(第一要素は形容詞で「人」ではない)、*deapsele* 「死の館」などと表現されるが、これらはラテン語を訳したものと思われる。『ベーオウルフ』には hell が数回用いられ「地獄」の意味だが、地獄を他の表現で言い換えた代称はない。詩語のケニング用法をさらに検証すると、興味深い表現を数多く指摘できる。

6　薬草のことばと効能

ローマのプリニウス(AD23－79年)は『博物誌』(22巻、Ⅷ)のなかで蛇に咬まれた場合に、よく効き目のある *erynge* という植物を紹介している。英語では俗に sea-holly と呼ばれ、和名ではセリ科のヒゴタイサイコ属の多年草のことである。『博物誌』に記述されている草本の名が、ラテン語訳を通してアングロ・サクソンの社会

に伝えられていたことは、バールドの『医学書』に、プリニウスの名が見られることでも明らかである。キリスト教の布教が浸透するにつれて、さまざまな書物が導入され、薬草を記した写本も当然含まれていたに違いない。アルクィンの詩にはプリニウスの名前が記されていた。アングロ・サクソン時代、薬草についての知識は、修道院を中心にしてかなり普及していたと思われる。しかし、薬草の効能は長い間に経験として蓄えられた知識に基づくので、ゲルマン人の場合も、すでに、大陸時代に植物の葉やその根を利用する薬の製法のみならず、病気の症状、怪我などへの適用を含めて、かなりの知識を習得していたと思われる。

　アングロ・サクソン人の薬についての記述は四つのテキストに残されているが、本書では初期英語テキスト協会の出版になる『薬草標本集と四足動物から得られる薬剤』を使用している。この書物にはラテン語に対する古英語訳がつけられ、直接ラテン語名を借用した場合を除くと、百数十種類の古英語の植物名が記されいる。この古英語の薬草の名前に独特の名称が使われているのが興味深いが、この一部だけを取り上げる。植物の俗名には、当時の人々の率直な気持ちが表されていて楽しい。とくに古英語の名称がおもしろい語義を示す場合にはその語形を示すが、他は、訳語のみを記すに留めておく。次にその薬草がどのように利用され、どのような病や傷に、あるいは症状に効能があるのか、その代表的な例をいくつか訳して紹介する。その他の薬草については簡単にその効能だけを触れておく。

カッコウチョロギ(betony)

この植物に対応する古英語名は「司教草」であるが、今日ではシソ科イヌゴマ属の各種をこの名で呼び、特にカッコウチョロギを指す。おそらくこの植物が紫色の花をつけるので、王や高位聖職者が身につけた紫色の衣装との連想から「司教草」と名付けられたのだろう。冒頭に下記のような説明が記され、計29の対症療法が指示されているが、以下ではその一部を紹介する。

　カッコウチョロギと呼ばれる植物は牧草地、広々とした丘稜地、保護地で生育する。その草は人の魂と肉体のいずれにも役立ち、恐ろしい悪魔、恐るべき幻影、夢から人を守る。この植物はきわめて聖なるもので、8月に鉄製の道具を使わずに採取しなさい。土がそれに少しも付着しないように払い落とし、十分に陰干しにしなさい。根と何もかも一緒に粉末にし、必要なときにそれを取り出し、口にするのです。

この効能は精神安定剤をも兼ねた万能薬と言うべきものであろう。次の記述は具体的である。

　頭が割れるばかりに痛めば、このカッコウチョロギを採取してから、それを擦ってごく細かな粉末にしなさい。次に2トリミスの重さ(約3.5グラム)の粉末を取り、それを熱いビールに入れて摂取しなさい。それを飲んだ後は頭の痛みはすぐに直ります。

眼の痛みを直すには同じカッコウチョロギの根を採取しそれを水に入れて3分の1(の量)になるまで煮立てなさい。その湯で眼を洗い、その葉を取って砕き眼の上に置きなさい。

　カッコウチョロギの効能はさまざまだが、上記以外には「眼の霞み」、「涙目」、「鼻血」、「歯痛」、「横腹の痛み」、「腰痛」、「胃痛」、「便秘」、その他病名は定かでないが、酩酊予防、毒物を口にしたり、食欲不振、食べても嘔吐する場合、蛇や狂犬に咬まれたり、喉の痛み、発熱、痛風などにも効き目があるとされている。

オオバコ (greater plantain, waybread)
　この古英語名は「路傍のパン」と記されている。道のどこにでも見られる丸みのある葉がパンの形を連想させたことによるのだろう。この植物には22種の効能が記されているのでカッコウチョロギに次いで広い用途があったことが分かる。

　頭痛がしたり頭がずきずき痛んだら、オオバコの根を採取して、その人の首に縛り付けなさい。すると頭から痛みが消えます。

　腹が張った場合にはオオバコを寸断して腹の上に置くと痛みはすぐ消えます。

　蛇に咬まれた場合、それを癒すには「オオバコを採取し、ワインに砕いて入れそれを飲みなさい。

さらに、「体内の虫で苦しめばオオバコの汁を採取し、擦りつぶして汁を絞り出しそれを苦しむ人に飲ませなさい。さらにその同じ植物を採取して擦り潰し、臍の上に置きしっかりと固定しなさい」と記されている。最後の引用例の「虫」とは回虫を指しているのだろうか。同上の効能以外にオオバコの汁はまた、鼻や頬に傷ができたときに、効き目があり、さらに痛風や神経痛にもこの植物は役立つと記述されている。

五葉 (cinquefoil = fiveleaf)
この古英語訳は「五葉」(バラ科キジムシロ属草木の総称)と記されている。和名ではこの植物に最も近い植物は、ほふく性の五葉、すなわちオヘビイチゴに類する植物かも知れない。名称はラテン語の逐語訳でとくに目新しさはない。効能のいくつかを選んで訳しておく。

　口、舌、喉の治療には五葉の根を採取し、湯で煮立て、それをその人に飲ませなさい。それで口中を洗浄すると傷みは和らぎます。

　口からひどい出血があれば五葉をワインに入れて飲ませ、頭にそれを塗り付けると出血は止まります。

クマツヅラ (vervain, verbena)
この古英語訳は「トネリコの喉」(OE *Æscprote*) に相当する表現が

与えられている。この理由は判然としないが、この植物がトネリコの幹や木の叉に絡み付くことからの連想によるのだろうか。この植物は古くから薬用の効果が知られ、ローマ人はこの草を聖なる草と呼んだ。あるいはドルイド僧は戦を布告するときにこの草で編んだ冠を着用したと言われる。アングロ・サクソン時代、蛇に咬まれないようにこの草を予防薬としたり、古くは疫病よけのお守りとしての効果があると信じられていた。バビーナは総称名だが、今日ではvervainという語も用いられている。平地や湿地に生育するこの植物には、11種の効能が記されている。以下2例のみ紹介する。

　傷や悪性腫瘍や腺病質の腫れの治療にはこの植物の根を採取し首のまわりにそれを固定しなさい。それは著しく効能があります。

　血液が自然に流れないくらいに血管が硬化し、食べたものを維持できない人々の治療には、この植物の汁を取り飲ませなさい。その後でワインと蜂蜜、水を取り一緒に混ぜなさい。飲むとすぐに、それは病を癒します。

薬草全体を訳出はできないので、ここでは上記以外の植物の古英語名及びその植物が、どのような症状に効き目があったか、そのいくつかを紹介するにとどめる。

ヒヨス (henbane)

この植物は、古英語訳では「めん鳥の鈴」という優雅な名を与えられているが、この実の形状に基づくものだろう。ナス科のこの植物の汁は、耳の痛みに効き目があり、膝やすねの腫れにはこれを擦り潰してつける。また、歯痛には強いワインにこの植物の根を入れて煮立て、熱くして飲み、口に含んだままにする。生殖器の痛みにはこの根を股に固定する。女性の乳房の痛みには根の汁を飲み薬として飲ませ、乳房にそれを塗り付ける。肺病にはこの汁を飲ませる。この薬効は抜群と記されている。

イブキトラノオ (adderwort, bistort, snakeweed)

この古英語名は「蛇草」で現代英語に残っているが、bistort はラテン語に由来し「二度捩れた」の意味で、地下茎の捩じ曲がった形を指している。蛇に似たこの形から「蛇草」の名の由来がある。蛇に咬まれたときの治療には、この植物を砕いてワインと混ぜて飲ませる。

ヨモギ (mugwort)

この植物の効用は我が国でも知られているが、この古英語名は「ユスリ蚊草」と呼ばれ、あまり有り難くない呼び名を与えられている。mug は midge「ユスリ蚊」に由来する語である。アングロ・サクソン時代からこの草は、魔術と結び付けられていたことが知られ、ビールの苦みをつけるためにホップの代わりとしても利用された。この草の効能として、腸の痛みにはこの植物を砕いて粉

末にし、これを新しいビールと混ぜて飲ませる。足の痛みの治療にはこの草を脂とともに擦り潰し、足につけると記されている。

野生ラン(orchis, wild orchid)

この古英語名には「烏のニンニク〔ガーリック〕」という風変わりな名前が付いている。野生のランは種類が多く、どのランを指すのか判然としないが、処方としては、ずきずき痛む傷の治療にはこの草の根を擦り潰して使い、それを使って傷を洗浄する。また目の痛みにもこの草の汁を目に塗る。

オノエリンドウ(felwort, gentian)

古英語名は「野の草」というごく平凡な名が与えられている。古英語の第一要素 *feld-* は現代英語の field であるが、*d* は消失し、第二要素 *wyrt* は wort と形を変えている。プリニウスによると「ジェンチアン」(gentian)は古代イリリア王ゲンチウス(Gentius)の名に因むと言われる。蛇に咬まれた時の治療には、この根の乾燥した粉末をワインに入れてカップ3杯飲ませる。

ミチヤナギ(knotgrass)

この古英語名は「踏み付けられても死なない草」という滑稽な名前で呼ばれる。今日の knotgrass「節草」は文字通りの意味だが、学名 *Polygonum* はギリシャ語で「多くの膝」を表している。この名は、種類によっては茎が、多くの関節部で膝のように曲がることに由来する。処方は以下の通りである。吐血を防ぐためには、この植物の汁を極上のワインに入れ、湯気が立たないように煮て、9日

間断食させてこれを飲ませる。肺結核の予防薬かも知れない。乳首が痛まないようにするには、この植物の汁をエールとともに摂取し、いつもそれを塗るようにと、指示されている。下痢にはこの植物の葉汁を湯に入れ、煮立てて飲ます。

ウマノスズクサ (heartwort, birthwort)

この古英語名は *smeoruwyrt*「擦り付け草」というのが、原義に近い意味だろう。「安産の薬」と言い伝えられている薬草だが、毒の力を消すにはこの植物を砕いてワインに入れて飲む。最も激しい熱をとるには、この草を乾燥してから、それを燻すと、それは熱ばかりでなく悪魔病を追い払う、と伝えられている。「悪魔病」とは悪魔に取り憑かれたどのような症状を指すのか定かではない。

上記のようにアングロ・サクソン人の間で、比較的よく用いられたいくつかの薬草の利用法とその薬効について紹介した。この時代における薬草利用の全貌はとても紹介し切れない。なおこの記述内容の是非については、今日我々はコメントする立場にない。だが経験に基づく治療法は古代社会では当然の習慣として発達し、我が国でも、地方によっては、いまだに薬草として珍重されている草本も多い。世の東西の薬草を比較すると貴重な情報が得られることだろう。

第4章　法律の用語

　『ゲルマーニア』のなかで限られた範囲の世襲制や掟、刑罰など、ある程度の情報は得られるが、条文化された法は示されてはいない。具体的には下記で簡単に触れる。いつの時代でも、統治者たちは秩序ある社会体制を維持するために、法の制定を必要とするのは歴史的に明らかである。アングロ・サクソン社会がキリスト教化するとともに、王を頂点とする施政者が教会との協力によってゲルマン的体制に大きな変化がもたらされることになった。アングロ・サクソンの初期の法典を読むと[1]、時の支配者の権力が、どのように行使されていたかがある程度まで理解できるが、端的に言えば、初期の法は当然のことながら教会を中心とした指導、助言によって法体系が整備されたことが窺える。ケントで施行された最も古い立法の条文に示されるように第1条は「神と教会の財産……」で始められている。

　イギリス人の先祖がブリテン島に侵入した当時は、決して大規模な人数ではなかった。これは『年代記』の477年の記述に「この年アレと3人の息子キュメン、ウレンキング、キサが3隻の船でブリテン島に到来した」と書かれている。この記述から推測しても、3隻の船に乗船できる人数は、それほど多数ではなかったと思わ

れる。だが徐々に、彼らの数は増大したに違いない。この移住時代の初期、彼らの規範は、書き記された法と言うよりは部族を中心とした掟が、支配していたと思われる。タキトゥスの『ゲルマニア』には、多少とも彼らの大陸時代の社会的掟について言及している箇所がある。例えば第6節には、戦で盾を捨て去った者はこの上ない不名誉で、かような者は宗教的儀式には出席できない、あるいは、12節では反逆者と戦場の離脱者はつるし首による処刑、あるいは軽犯罪には一定の罰があり、有罪の宣告を受けた者は馬と牛の数で罰金を受ける。18節には結婚の持参金について記述があり、25節に主人は奴隷から一定の穀物、家畜、織物を徴収する、と記されている。この内容がゲルマン民族全体を包括するのかどうか、判然としないが、少なくともいくつかの部族にとっては、これらの掟は社会的に強い拘束力があったと考えられる。ブリテン島にかなりの数のゲルマン人が到来し、各地に村落共同体を形成すると、やがてキリスト教の影響を受けてからは、上述のような慣習法がさらに整備され、法律として書き留められるようになったと思われる。

　イギリスで最も早い法典の制定は602－03年頃とされ、それはケント王、エゼルベルトの法律であるから、597年聖オーガスチンのケント到来から、それほど時間的な隔たりはない。ここでは『英国歴史文書』に記載されているエゼルベルト王の法典を初めとして、その他の法律を取り上げ、最後にアルフレッド大王の法律を概観し、どのような法律上の変化があったか、あるいはこの法律から察知できる問題などを論じることにする。これによって当時の社会の構成員や罰則などについて、ある程度まで実態を理解

することができるだろう。条文の言葉はごく簡潔に記されているので、文意が判然としない箇所もあるが、必要に応じて古英語の用語を引用して述べることにする。

1 エゼルベルトの法典（602－03？年）

まず、初期の社会はどのような構成員から成り立っていたのであろうか。その頂点に部族の祭祀を取り仕切る支配者として王が存在する。king の語源についてはすでに述べたが、当時の王は、今日我々が想像する王とはかなりの隔たりがあるように思われる。

エゼルベルトの法典第1条は「神と教会の財産」という言葉で始まるが、「財産」を表す古英語は *feoh*(>fee)でもともと「牛」の意味があった。つまり貨幣経済が導入される以前は牛が財産と見なされる時代があったことを示している。第3条には「王がある人の家で飲酒している時に、誰かがそこで悪事を働くならば、彼は2倍の賠償金を支払うべし」とあり、さらに4条には、「もし自由人が王から盗みを働けば、9倍の賠償金を支払うべし」ともある。王がある人の家で、気軽に酒を飲んでいる状況は、どのように理解すべきだろうか。しかも王から物を盗む行為が罰金で済まされ、命は保証されていた社会とは、どのように社会が構成されていたのか。「自由人」は古英語 *frigman*(>freeman)の訳語である。初期の社会では、王と彼を取り巻く人々は部族単位で相互に親密な関係が維持されていたと推察される。法典が発布されたこの時代、王制が確立していたのは確かだが、王の実像は意外と捉えにくく、

王の権限、地位は歴史学の上でも今日論議の尽きない問題の一つある。敬虔なキリスト教徒であるノーサンブリア王オズワルドは戦死し、7世紀のノーサンブリアを支配した8人の王のうち6名は戦没したと指摘されているが、この結果、「7、8世紀のアングロ・サクソンの王は武将であった」と結論している[2]。

　この法典の第1条には、教会を初めとして、「司教」、「司祭」、「助祭」、「聖職者」、などの財産が盗まれた場合の保障金の倍率が示され、最高は神と教会の12倍、司教が11倍、司祭9倍と続く。このような教会組織の序列名が見られることから、この時代、すでにキリスト教の伝道体系が整備されていたことが裏付けられる。上記の司祭以下の現代英語は、ラテン語に由来している。一方、世俗の階級として王に次いで *eorl* (> earl)「貴族」が存在していた (13条)。4条には「自由民」と称せられる階級が記されていたが、15条にはチェオルル (OE *ceorl* > churl) という言葉が見られ、この法典には *ceorles birele*「チェオルルの杯持ち」(16条) という給仕係の女性、*ceorlæs hlafæten*「チェオルルの食客」(25条) という表現が見られる。後者はふつう農民あるいは平民の意味に解されるが、たんに「人」の意味でも使われる場合もある。だが、法律上チェオルルは「貴族でない一家の家長」を指すという指摘があるので[3]、とするならば、上記の「自由民」と「チェオルル」という二つの名称が実際には、どのような階級としての区別があったのか、この法典では明確に示されていないが、おそらく「最下層の自由人」という語義も与えられているので、自由人の間でも身分的な区別があったと思われる。さらに、奴隷の存在が明示されているが、この身分にもいくつかの階層があったと考えられる。「刃物を研ぐ奴隷」

(11条)がおり、一方「第三階級の奴隷(*theow*)」(11条)とはどのような奴隷なのか判然としない。「王自らの鍛冶屋」、あるいは「遣い走り」(7条)が殺害された場合には「通常の人命保障金」の支払いが義務づけられている。彼らは自由人なのかどうかは示されていないが、通常の「人命保障金」(*leodgyld*)(この法典では*wergild*とは区別されている)100シリング(21条)が支払われることを考えると、「自由人」と同じ扱いを受けていたことになる。

 上記以外にケントだけで知られているレット(*læt*)という階級がある。これは前述のチェオルルよりは地位が下だが、奴隷よりは上で、解放された奴隷の可能性があると指摘されている[4]。エゼルベルトの第26条の文面から3種類の *læt* の存在が確認されるがその細部については不明である。他に古英語では奴隷を表す語として上記のセオウ(*theow*)以外に、ウェアルハ(*wealh*)が用いられた。他にエスネ(*esne*)も「奴隷」と同義で使われる場合があり、明らかに、この階級にもいくつか階層が存在したと推察される。「奴隷(*esne*)が物を盗めば、2倍の補償金を支払うべし」(90条)とあるように奴隷も法律の対象に含まれている点は『ゲルマーニア』で記述されている奴隷の扱いと類似しているので、ゲルマンの伝統を継承しているのだろう。

 7世紀の70−80年代に発布されたケント王フロッスヘレとエアドリッチ王の法典は、すでに存在していたケントの法律に補足追加されたものだが、上記のエスネという単語は「召使い」の意味に転義し、奴隷に関する追加規定は見られない。7世紀初期には数多くの奴隷の存在が法律の文言から推測されるが、7世紀末には次第に社会のなかに吸収されかけていたのかも知れない。だが

ビードの『教会史』や11世紀初め頃のウルフスタンの説教にも、奴隷売買の記述があるので、アングロ・サクソン社会は、かなり後の時代までこの問題を抱えていたようである。なお、我が国ではすでにこの問題についての詳細な研究がある[5]。

以上のように、7世紀初頭のこの法典から、聖職者を除くと、王を頂点として、次に貴族、明確な定義はできぬが「自由民」と「農民」、さらに「奴隷」という階級の存在が、おぼろげではあるが浮かんでくる。

2 ウエスト・サクソンの法律

(1) イネ(688－94年)の法典

イネの法典は、アルフレッドの時代に書き写され、同王が典拠とした法典として今日に至るまで伝えられている。したがって7世紀末の法典そのものがすべて書き伝えられたかどうかは定かでない。しかし、サクソン王朝の基礎となる法典が残されていることはきわめて重要な意味がある。ウイヒトレッドの法典とほぼ同時代に、ウエスト・サクソンではイネの法典の存在が知られている。条項によっては酷似する文言があり、二つの王国の法律には何らかの繋がりがあったと推測される。例えば前者の28条と後者の20条は、一部の語句の違いを除くとまったく同一である。3条の「奴隷が主人の命令で日曜日に働けば、彼を自由の身とすべきであり、主人は罰金として30シリング払わねばならない」という条文は、罰則内容はケントのウイヒトレッドの法律とは異なるが、安息日を重視する教会の方針が同じように反映されている。イネ

の法律には死刑判決が下される事例が示され、例えば12条に「泥棒が現行犯で捕まれば、死罪とすべし、あるいは彼の人命補償金によって一命を贖うべし」とあり、上で述べたウイヒトレッドの28条と比較すると、罪人に対する処置が一段と厳しさを増している。次の例もその厳格さの一端を示している。「刑罰で奴隷となったイギリス人が逃亡したら、彼は絞首刑となり、彼の主人に支払われる金はびた一文もあり得ない」(24条)。ウエスト・サクソンの法はケントのそれに比べ条文の内容も多岐にわたり、細かな点にまで配慮が示されるようになる。興味深い例をいくつか紹介する。

4条に「教会分担金」(church-scot)という言葉が使われている。これは聖マルティヌス祭(11月11日)までに、人々が教会に支払う分担金で、違反すると罰金を課されることになっている。教会が地域社会のなかで、ある一定の権力を有していたことは、次の条文からも明らかである。「誰かある人が、死刑に処せられることになって、教会にたどり着ければ、彼は一命を留め、法の定め通りに償いをせねばならない」(5条)とある。これを見ても教会の役割と権限の大きさを理解できる。同時に一般民衆の教会に寄せる信頼感も増大したと思われる。23条3項には「ウエールズの地代支払い人の人命補償金は120シリング……」とあり、征服された民族の人たちにもある程度の地位が保証されていたと思われる。

33条の「王に仕えるウエールズの騎手」の人命補償金は200シリングと規定され、この金額は自由人のそれと同額である。43条1項には「森のなかで相当数の木を切り倒し、後にそれが露見すれば、木3本に対しそれぞれ30シリング支払うべし」とあり、かな

り細かい規定ではあるが、現実に生じる事件に対応する措置が示されている。51条には「土地を所有するイエシーズ(gesiþ)生まれの者が兵役を怠ることあらば、彼は120シリングを支払い、彼の土地は没収さるべし」と規定されている。「イエシーズ生まれの者」とは王の側近の家来を指すと思われる。このイエシーズという身分はアングロ・サクソン時代を通して大きく意味を変化させたので、この語に関する言及はここで止めておく。

(2) アルフレッドの法典

アルフレッドは彼の法律の序文の冒頭で、先輩諸王の法を集め、アルフレッド自身が認めた法律の多くを書き取ることを命じたと述べている。賢人の助言によって、王の意に添わないものは破棄し、修正し、起草した法律案を賢人に示すと、彼らは喜んでそれを守ると言ったと述べている。原典に *witenagemot*「賢人会」ということばがあり、これによって、すでに王の顧問格の人物の組織が形成されていたことが示されている。第二要素 *gemot* は moot として現代英語に残る。この言葉の存在からすでに合議制の会議が開かれ、さまざまな問題が論じられていたことが推察される。アルフレッドの法律全体は77条にも及ぶ長い法典なのでそのなかからいくつか興味深い条文を含めて用語も取り上げ論じよう。

1条では人に「何よりも重要なことは *að*(>oath)『誓言』と *wed*(cf. wed、wedding)『誓約』を守ること」を命じている。とくに wed は現代英語ではおもに「結婚する」という動詞として使われるが、アングロ・サクソン時代には「持参金」の意味でも使われていた。

1条1項　主人を裏切るかそれとも不法な企てに加担するか、いずれかの約束を不当に強要されたならば、その際はその企てを実行するよりも、約束を反故(ほご)にするほうがよい。

2条では罪を犯した者が修道院のような聖地に逃げ込めば3日間は逮捕されない特権があったことが記されている。さらにこの期間に、誰かがその犯罪者に傷を負わせたりすると、傷の程度に応じて保障金や罰金が攻撃者に課され、罪人を匿(かくま)った修道院には120シリングの金が支払われることになっていた。現在では廃止されたがシリング（原文では短縮形 *scill.*）という単位はこの時代からすでに使用され、同じように3条ではポンドも記されている。この条文からは修道院などの聖域をみだりに犯してはならぬことが強調されていると考えられる。なお、shilling はゲルマン共通語だが、語源は不祥。一方、pound はラテン語からゲルマン語に入った最古の借用語である。

4条　誰かある者が、王から追放された人あるいは彼の家来を匿って、王の生命を狙う陰謀に加担すれば、彼は自らの生命あるいは全財産を喪失しなければならない。

5条には王の命ではなく、主人の命を狙って陰謀を企てる者に、4条と同じ罰則が課されている。ただし4条との違いは「主人の人命保障金を払って嫌疑を晴らさねばならない」という点である。5条5項には「日曜日、あるいはクリスマス、復活祭、聖木曜日、

祈願節(キリスト昇天祭に先立つ3日間)、四旬節(聖水曜日から復活祭までの40日間)に盗みをすると2倍の保障金を支払わねばならない」と記されているが、これらの祝祭日は現在まで継承されている。この時代の人たちにとって曜日は教会との接触によって重要な意義を有していたのであろう。6条「教会からものを盗むと、盗みを犯した手を切断するものとする」と規定されているが、ただし「人命保障金に相当の罰金を支払って自らの手を買い戻せる」という付帯条件がついている。罰則が以前に比してさらに厳しくなり、細かく規定されていると言えるだろう。

7条　国王の館の広間で人がけんかしたり抜刀して逮捕されると、彼を死刑に処すか、彼の一命を救うかは(王に犯人を許す意志があればだが)、王が決定すべきである。

9条2項には「昔は金(gold)、馬、蜂を盗んだ者たちが支払う罰金は……他の物より大きかった。現在は人さらいを別にして、みな均等に120シリングである」と記されているが、金、馬の重要性は十分に推察できる。だが、蜂を盗んだ者に対しての罰則は蜂蜜作りをする人や蜂蜜酒の醸造家を保護する条項と解釈できる。なお蜂蜜酒は *medu* (> 現代英語 mead)と呼ばれ、ビールとともに宴会において好まれる酒だった。宴席を現代英語で記すと mead-bench であるが、『ベーオウルフ』には beer-bench という表現もある。

11条に「誰かが平民の若い女性の胸を摑めば、彼女に5シリングの保障金を支払うべし」と規定され、今日のセクハラに相当する罪を厳しく罰したことが窺える。もっとも、この種の行為につ

いての罰則は、すでにケントのエゼルベルトの法典に、「髪の毛を引っ張ると、50シェアタス(ペンスと同等と見なされる)の保障金を支払うべし」(33条)とある規定と大同小異である。イネの法典の73条には「髪の長い自由民の女性」という文言から判断して、上記の33条の規定は奴隷でない女性に対するいたずらを指していると思われる。アルフレッドの11条の規定では「平民の若い女性」(古英語 *cirliscre fæmnan*)と記されているので、この種の条項を取り入れた趣旨はエゼルベルトの法典と同一と考えられる。身分の低い女性に対しては、このような行為は黙認されていたのだろうか。14条に「もしある人が、生まれつき口がきけず、耳が聞こえず、彼の悪事(OE *synn*>sin)を否定したり、自白することができぬならば、彼の父が息子の犯罪行為の保障金を支払うべし」と記されている。この規定は身体障害者の犯罪に対し、親の監督責任が問われる厳しい条文で、法が徐々に厳格な規定を設けている一つの証しが示されている。

40条には「軍隊が戦場に出ている(あるいは四旬節の断食期間中の)場合に、誰かが王を初めとして大司教や司教などの屋敷に押し入ることがあれば、保障金は規定の2倍」とされているが、アルフレッド治世下の戦乱に明け暮れた時代、有事の際の規定が必要だった状況が推察される。43条には休日の規定があり、奴隷と雇用労働者を除いて、すべての自由人に休日として次の日数が与えられた。それは「クリスマスと聖グレゴリーの記念日には12日、復活祭前後はそれぞれ7日間、聖ペテロとパウロの祭日は1日、秋の聖メアリーのミサが行われる前は、丸1週間、万聖節の祝日は、1日」であった。なお、すべての奴隷に四季の祭日の水曜日4

日が、休日として与えられた。

　44条から77条までは主として他人に傷害を与えた場合の罰則規定がきわめて細かく明示されている点が注目に値する。いわば傷害罪に対する罰金規定である。

　45条　もし1インチの長さの傷が髪の毛の下に加えられたならば、保障金として1シリング支払うべし。
　46条　耳が切り取られれば保障金として30シリング支払うべし。
　47条　人を殴って目を飛び出させることがあれば66シリング6ペンスと3分の1ペンスを支払うべし。

　その他、人の前歯を殴って折れば8シリング(49条)、顎を激しく殴って砕くと15シリング(50条)、喉を突くと12シリング(51条)、親指がもぎ取られると30シリング(56条)、小指の場合は9シリング(60条)、睾丸をひどく負傷し、子供を産めない場合は80シリング(65条)、肩の負傷も80シリング(68条)、77条では首の腱に傷を負わせると100シリングと規定があり、これが罰金刑としては最高額である。以上のように、金による解決がすべてと言えるくらい細かい金額が決められているが、今日の懲役刑という考え方は見られないのが特徴である。

　このように比較的初期の法律の条文を綿密に読むと、おぼろげではあるが、当時の社会の一面が浮かび上がってくる。法律と言ってもきわめて網羅的で、いわゆる刑法が主体で、民法、商法に属するものも含まれている。名目的にせよ、イギリスが統一国家と

して再生してから完成したアルフレッドの法律以降、エゼルスタンの法典を経て、10世紀後半のエドガー王の法典、11世紀前半のクヌートの法典を辿ることによって、イギリス社会が直面したさまざまな問題をさらに深く理解することができるだろう。各法典の用語を取り上げて比較検討すると、さらに論ずべき問題が多々あるが、以上初期の法典の概観に留めておく。

第5章 アングロ・サクソンの月名、及び曜日と地名

1 月　名

　ローマの暦によると、本来は太陰暦を使っていたので、1年は10カ月であったが、ジュリアス・シーザーの時代に、太陽暦に変えられたことはよく知られている。太陰暦による1カ月は29.5日で結果的に1年は354日となり、太陽暦による1年が365.4分の1日であるから誤差が生じる。1年を365日とし4年目ごとに1日を加えた、いわゆる閏年とし、2月を除いて毎月を30ないし31日と定めたのはシーザーと言われる。西暦前46年シーザーは不完全なローマ暦を廃止し、上記のようなユリウス暦を制定した。実際にはその後閏年の計算の誤りから紀元8年になって、正しく4年ごとに閏年を実行した。シーザーの新しい暦の作成理由は、エジプト遠征時に当地の暦学者の指導によると言われる。だが太陽の科学的観測が行われるようになると、正確には1年が365.4分の1日よりも11分14秒足りないことが明らかになった。シーザーの時代から1582年ローマ教皇グレゴリ13世の時代までに10日の誤差が生じたので、1582年10月4日の翌日を改めて10月15日とし、さらに1600、1700、1800、1900年のような世紀年は4で割り切れない場合、2月に1日加えた29日とはしないことが定められた。これ

116　第5章　アングロ・サクソンの月名、及び曜日と地名

がグレゴリ暦である[1]。この近代的暦法が採用される以前はどのような方法があったのだろうか。

　まず、ローマ暦について触れておこう。月の満ち欠けに基づくローマの旧暦では、1年は10カ月であった。以下、参考までにラテン語の名称を示すと。1月 *Martius*、2月 *Aprīlis*、3月 *Maius*、4月 *Jūnius*、5月 *Quintīlis*、6月 *Sextīlis*、7月 *September*、8月 *Octōber*、9月 *November*、10月 *December* であった。5月から10月までの6ヵ月は数を表す言葉が使われているが、1月はマールス (Mars)、2月の *Aprīlis* の語源は明らかでない。3月はローマの女神マイアの月、4月はジュピターの妻、ジュノーの月ということになる。これは旧暦の呼び名だが、紀元前710年、ヌマ王の時代に11番目の月 *Jānuārius* と12番目に *Februārius* の2カ月が加えられた。この理由は1年を355日とし、月の満ち欠けに合わせるためだったが、これでも太陽年に10日あまり不足していた。もともとローマ暦では1年の始まりは *Martius* (March) だったことは上で述べた。ではなぜ *Jānuārius* が1月になったかと言うと、ローマでは公務上 *Jānuārius* を年の初めとする慣行があったと言われている[2]。この新しい1月はすべての始まりと終わりを司る両面神ヤヌスに由来する。ヤヌスは来し方行く末を見守る入り口、戸口の守護神であるから1年の最初の月に収まったのであろう。付け加えられた1年の最後となった *Februārius* は「清めの月」とされるが、順送りに2月となり、本来の1月マルチウスは3月となり順序が固定された。やがてこの新しい12カ月に、シーザーの名を記念してそれまでの *Quintīlis* が *Jūlius* に改められたことは知られている。さらに、本来の6月を表す *Sextīlis* の代わりに初代のローマ皇帝オーガスタス

に因んで*August*が用いられ、今日の暦の名が確定する。

　一方、ゲルマン人の暦はどのようなものだったのだろうか。アングロ・サクソン人の暦は、ラテンの暦の影響を受けて1年を12カ月としているが、大陸時代のゲルマン人の暦については判然としない。だが、タキトゥスの『ゲルマーニア』には、興味深い記述が見られ、彼は「1年は我々の場合と同じ数には分けられてはいない。冬、春、夏には意味と名称がある。秋については、名前も(秋の)恩恵(ラテン語は *bona*)も知られていない」と記されている[3]。タキトゥスが念頭にしている暦は、すでにローマ人のなかで採用されていたユリウス暦であったことは明らかである。ゲルマン人は、かつては遊牧民族であり、秋がそれほど彼らの生活にとって意義のあるものではなかったらしい。今日の「冬」、「春」、「夏」を表す英語はゲルマン語起源だが、「秋」(Autumn)は14世紀に古フランス語からの借用語である。ビードによると、ゲルマン人はもともと彼らにとって1年は冬と夏の二つで、農耕に従事するようになって春、秋が導入されるに至ったと述べている。では Autumn が導入される以前、アングロ・サクソン人は「秋」をどのような単語で表していたのであろうか。それは harvest で(OE *hærfest*)まさしく「刈り入れの時」、つまり「秋」を意味していた(米語用法の fall「秋」は fall of the leaf(廃)に由来し、初出は1545年)。また、アングロ・サクソンがイングランドに移住してからも、「冬」という語は1年を表す習慣として残り、『年代記』などの文献からもこの用例が確認できる。

　488年　この年、アッシュは王国を継承し24年間(xxiv wintra)ケ

ント人の王だった。

534年　この年ケルディチは没し、彼の子息キュンリッチが26年間(xxvi wintra)統治した。

　ついでながらタキトゥスは「ゲルマン人は我々が計算するように昼間で日を数えるのではなく、夜で数えるのである」と記している[4]。一方、キリスト教への改宗後、アングロ・サクソン人は「ユーリアス暦」を採用していたことが以下の記述から明らかである。

　古英語で書かれた『殉教者伝』[5]のなかでは、「1月」と呼ばれる月は我々の言語では「後のユールと呼ばれる」と記されている。改宗後、「ユール」(Yule)はクリスマスの意味で用いられたが、もともと、ゲルマン語派の一つである古ノース語(昔の北欧の言語)では、この語の複数形 jol は「12日続く異教の祭り」の意味だった。アングロ・サクソン人は「ユール」を二分し、前半を「前のユール」、つまり12月、後半を上記のように表したのである。ユールの語源については不祥だが、上述のようにゲルマンの古い祭りに由来しているようだ。ビードはアングロ・サクソン人にとって、1年は12月25日から始まると述べ、この日の夜を「母の夜」と呼んでいる。2月はsolmonaðと呼ばれ、第一要素(sol-)は疑問符つきだが、「汚い、よごれた」の意味があるので、「ぬかるみの月」とでも言うのであろうか[6]。だが、solの解釈には異説があり、ビードはこの語を「太陽の形をした菓子」と解釈する。『殉教者伝』ではあいにく2月の記述には欠落があり、この語の由来の説明はない。現在の英語の「2月」はラテン語起源の単語でこの月に催された清めの祭りに由来し、2という数とは何の関係もない。3月は hredmonað あるい

は*hreðmonað*と呼ばれるが、*hred-*の意味を特定するのは難しい。『殉教者伝』ではこの意味についは何も言及はない。だがビードの解釈によると、*hreðmonað*は女神 Hreda に因み、この月に生け贄が彼女に捧げられたと説明されている[8]。このように、アングロ・サクソン人の2月と3月の名称の由来には、判然としないところがある。

『殉教者伝』4月の項の冒頭に、「1年の第4番目の月は30日あり、この月はラテン語で *Aprilīs*、我々の言語では *eastermonað*(復活祭の月)と呼ばれる」と記されている。Easter はゲルマン起源の単語で、ビードの『教会史』の古英語訳に初出する。エオステルの本来の意味は「春分に祝された春祭りの女神の名」とされている。4月が30日あるということから、すでに今日と同じように「ユーリアス暦」が採用されているが、同上のように「エオステルの月」と呼ばれているのは興味深い。だが、キリスト教の復活祭は移動祝祭日であるから、3月の春分以後に復活祭当日が来る年もある。今日の April が記録に初めて現れたのは1150年頃であるから、一般のアングロ・サクソン人は、かなり後まで4月にこの古英語の表現を充てていたと推測される。この復活祭を巡っては、アングロ・サクソン時代にさまざまな問題が生じたが、この件については省略する。すでに触れたが、キリスト教の大祭にゲルマンの女神名が転用されたことは興味深い。『ゲルマーニア』(11節)によると、ゲルマン人は新月か満月のときに集会を開くという。ゲルマン人がキリスト教の復活祭を自らの祭りと結び付ける素地があったのであろう。

5月は *þrymylce*(=threemilk)「3回のミルク」と呼ばれるが、この

理由は牛の乳が日に3度搾られたことによると『殉教者伝』では説明されている。同書によると、アングル人はブリテン島に牛がたくさんいたのでこの島に渡来したという。6月は *se ærra liþa* と呼ばれ、*se* は男性単数形の定冠詞だが、*ærra* は「前者の」、*liþa* は「穏やかな」の意味だから、「前半の穏やかな月」ということになるが、これは次の7月との関係でそう呼ばれる。7月について『殉教者伝』は、「7番目の月をラテン語で *Jūlius* と呼ぶが、理由はユーリアスという皇帝がこの月に生まれたから、彼に敬意を表してこの月にその名を与えた」と書き、さらに言葉を続けて「我々の言語では *se æfter liþa* と呼ぶ」と記している。*æfter* は今日の after であるが、「後者の」意味である。したがって7月は「後半の穏やかな月」ということになる。つまり、6、7月を前後に分けて呼び名を与えたのは、この二つの月が、1年中で比較的穏やかな日々が続くからである。8月については原文を訳しておく。

「1年の8番目の月は31日ある。この月はラテン語でオーガスタス (*Augustus*) の月と呼ばれている。ローマ人が最初にその月をこの皇帝の名で呼んだ。彼はこの月の初日にローマ帝国を確立し、以前そこを破壊した者たちを打倒したからである。我々のことばでは、この月を「草の月」と呼ぶが、それは草がこの月に最も繁茂するからである」。

オーガスタスはユーリアスの後継者であるから、2代続けて皇帝名が月名に採用されたことになる。アングロ・サクソン人はこの月を *weodmonaþ* と称し、*weod-* (>weed) は「雑草」の意味であるから、我が国の「葉月」を想起させる。9月は *haligmonaþ* と呼ばれ、「聖なる月」の意味だが、この理由として、『殉教者伝』は「我々の

料金受取人払

本郷局承認

1962

差出有効期間
平成14年3月
31日まで

郵 便 は が き

113 - 8790

240

(受取人)
東京都文京区向丘 1-5-1

株式会社 **東信堂** 読者カード係行

|||||||||||||||||||||||||

ふりがな
お名前　　　　　　　　　　　　　　　　　　　（　　歳）男・女

（〒　　　）　　市区　　（TEL　　　－　　　－　　　）
　　　　　　　郡
ご住所

職業　1. 学生（高 大 院）　2. 教員（小 中 高 大）
3. 会社員（現業 事務 管理職）　4. 公務員（現業 事務 管理職）
5. 団体（職員 役員）　6. 自由業（　　　）　7. 研究者（　　　）
8. 商工・サービス業（自営 従事）　9. 農・林・漁業（自営 従事）
10. 主婦　11. 図書館（小 中 高 大 国公立 私立）

勤め先
学校名

上
名　　　　　市　　　　区　　　　　　　　　　　　　書店
　　　　　　郡　　　　町　　　　　　　　　　　　　生協

東信堂愛読者カード

　ご愛読ありがとうございます。本書のご感想や小社に関するご意見をお寄せください。今後の出版企画や読者の皆様との通信に役立たせますので、お名前、ご住所をご記入のうえ、ご返送ください。

---ご購入図書名----------------------

■ご購入の動機
1. 店　頭　　　　　　　　　　2. 新聞広告（　　　　　　　）
3. 雑誌広告（　　　　　　　）4. 学会誌広告（　　　　　　）
5. ダイレクトメール　　　　　6. 新刊チラシ
7. 人にすすめられて　　　　　8. 書評（　　　　　　　　　）

■本書のご感想・小社へのご意見・ご希望をお知らせください。

■最近お読みになった本

■どんな分野の本に関心がありますか。
哲学　経済　歴史　政治　思想　社会学　法律　心理　芸術・美術　文化　文学
教育　労働　自然科学（　　　　　　　　　）　伝記　ルポ　日記

祖先は、異教徒であった時代、この月に彼らの偶像に生け贄を捧げる習慣があったからである」と述べている。

　10月は*winterfylleð*と示されているが[9]、この理由は述べられてはいない。winter はゲルマン起源の単語で、古英語では「年」の意味でよく用いられるが、この複合語の第二要素は今日の fill に相当する語であり、したがって*winterfylleþ*は「1年が満ちる月」と考えられる。だがビードは次のような説明を与えている。「1年は一般的には二つの季節、冬と夏に分けられた。夏は昼間が夜より長くなる6カ月を含み、冬はもう一方を包括した。ここから、冬の月が始まる月は*winterfylleþ*と呼ばれ、これは冬と満月からなる言葉で、その月の満月から冬が始まると考えられたからである」[10]。今日的に言えば、春分から秋分までが夏で、秋分から春分までが冬ということになる。たしかに*fylleþ*には派生的に「満月」意があるのだが、10月の満月から冬が始まったと言うのは、説明としては便宜的な感じを与える。この古英語は、古いゲルマンの暦が10カ月で、1年を形成していたことを暗示するものではないかと思われる。上述のように、冬は年の意味で用いられていたので *fylleþ* を満月と解釈せずに、1年が満ちること、つまり年が終わると考えられるからである。ビードはローマ暦に従って1年を12カ月としていることは明らかであるから、年の終わりという解釈を避けざるを得なかったのではないか。したがって、本来の*fylleþ*「満ちること、完成」に満月の意味を与えることになったと思われる。

　11月は *blodmonaþ*「血の月」と呼ばれるが、この月も9月同様に偶像に生け贄を捧げたことによる。『殉教者伝』の説明も9月とほ

とんど同じであるが、9月を「聖なる月」と呼び区別をしている点だけが異なる。12月は「前半のユール」と呼ばれ、すでに述べた通りである。『殉教者伝』は「太陽が昼間の時間を延ばす前を前者のユール、その後を後者のユールと記している。これは今日の言葉で言い換えれば、冬至を挟んで前後を区別していたことになる。

今日、クリスマスという言葉は誰でも知っているが、イギリスの歴史では、ノルマン人の征服後かなりの年数を経て、この言葉が文献に現れる。OED によると通称『ピータバラ年代記』の1123年が初例であるから、意外と遅いのに驚く。この時代までクリスマスの代わりに用いられていた言葉があり、その一つが先に述べたユールだが、他の一つがmidwinterである。この初例もまた、900年頃に書かれたと推定される年代記827年の記録に見られるので、該当部分のみ古英語で記す。「この年、クリスマス・イブ(*middes wintres mæsse niht*)に月食があった」。ミッドウインターは12月21日、つまり「冬至」を意味する言葉でミッドサマー「夏至」に対応する。だがこの827年のこの文脈では、「冬至頃の時期」を表している。それは *mæsse*(現代英語 Mass)から判断して、明らかにクリスマスを指し、*niht*(現代英語 night)はEveを表しているからである。

イングランドに持ち込まれたゲルマン民族の生活習慣は、キリスト教が導入された後に大きく変貌したり、ときには失われたものもあり、あるときは軋轢を生じながらも、やがてゲルマン文化とキリスト教文化は混然一体化し調和を保ちながら存続した。現代英語の月名はすべてラテン語に由来するが、生活習慣を反映するアングロ・サクソン人の名称は、日本語の古い月名と比較すると興味深い一面がある。数字を使って順序を表す今日の表記法は

実際的で便利ではあるが、日本語のみならず英語でもその古名が忘れ去られ無味乾燥な記号に転じてしまった感がある。アングロ・サクソン人の本来の月名は、きわめて詩的な表現に富み、彼らの生活実感が込められていた。上記のように、ジュリアス・シーザーによって制定された新しい暦が、ブリテン島を制圧したローマ人によって導入されたが、ゲルマン人が月を表すために用いた古名は、民衆のなかでかなり後まで用いられていたと思われる。以上述べたわずかな問題を通しても、我々はその時代に生きた人々が日常使うことばのなかに、大きな知恵が働いているのを知るのである。

参考：アングロ・サクソン名とラテンの新旧名称(現代英語の月名は右側の新ラテン語名に由来する)

	古英語名	旧ラテン語名	新ラテン語名
1月	*se æfter geola*	*Martius*	*Jānuãrius*
2月	*solmonaþ*	*Aprīlis*	*Februãrius*
3月	*hreðmonaþ* (*hred-*)	*Maius*	*Martius*
4月	*Eastermonaþ*	*Jūnius*	*Aprīlis*
5月	*þrymilce*	*Quintīlis*	*Maius*
6月	*se ærra liþa*	*Sextīlis*	*Jūnius*
7月	*se æfter liþa*	*September*	*Jūlius*
8月	*weodmonaþ*	*Octōber*	*Augustus*
9月	*haligmonaþ*	*November*	*September*
10月	*winterfylleþ*	*December*	*Octōber*
11月	*blodmonaþ*	*Jānuārius*	*November*

12月—*se ærra geola*　　　*Februārius*　　　*December*

2　曜日と地名の由来

　地名については一部を第2章で触れたが、ここでは曜日と地名の関連を取り上げる。この理由はとくにゲルマンの神々の名がわずかながら異教の痕跡を留めているからである、OED によると、曜日のなかで最も早く記録されているのは、700年頃に制定されたイネの法律(実際には688－94年)第3条の日曜日である。「もし奴隷が主人の命令を受け日曜日に働けば、彼を自由の身とすべし。かつ主人は罰金として30シリングを支払うものとする」と記されている。ほぼ同時代の、ケント王ウイヒトレッド(695年)の法律第9条には「日曜の夕方」という言葉もあるので、記録では7世紀末からということになる。ところで日曜日に労働することは明らかに安息日を犯す行為であり、聖オーガスチンのケント上陸後およそ1世紀しか経過していないことを考えると、キリスト教がウエスト・サクソン地方に広く浸透していたことが理解できる。歴史的に見て奴隷の存在も興味深いが、奴隷はサクソン人によって征服されたブリトン人を指しているかも知れない。この問題はさておくとして、この時代に安息日の遵守が法律で厳しく義務づけられていることは、イネ王のキリスト教への帰依が並々ならぬものであったことを証明している。記録によると同王はブリトン人の時代から存在したグラストンベリの修道院に手厚い保護を与えている。キリスト教化が最も早く進められたケントでは、エオルコンベルト王が偶像破壊を命じ、復活祭の断食を初めて実施した

王であることが『年代記』の640年に記載されている。ウイヒトレッド王の法律12条で「夫が妻の知らぬうちに悪魔に生け贄を捧げると、彼は全財産ないしは「重罪の代わりに規定された罰金」(*healsfang*)を支払う義務を有す」とあるので、この時代には安息日としての日曜日と異教崇拝が併存していた可能性を暗示する条文と考えられる。

　文献では700年頃から記録されていると言っても、この日曜日という言葉はもともと太陽神を祭る日であり、ラテン語の *diēs sōlis* の翻訳に基づき、ゲルマンの共通語となっている。キリストの復活を記念する日となったのはずっと後のことであろう。今日60以上の異教崇拝を示す場所が確認されているが、このような場所はしばしば山腹や古くからの村、あるいは異教徒の埋葬塚の近辺に限られていると言われる。寺院、丘の聖地、偶像などを表す言葉を除くと、太陽神崇拝を地名として示す場所はないようだ。

　日曜日以外の名が文献で確認されるのは時代がかなり下ってからである。Monday の初出年代は10世紀半ば頃の福音書のなかに見られ、ラテン語 *lūnae diēs*「月の日」の翻訳で、もともとはギリシャ語のなぞりとされる。

　ゲルマン起源の神の名が曜日に反映されるのは火曜、水曜、木曜、金曜だが、金曜は地名にその名を留めてはいないようだ。Tuesday (OE *Tiwesdæg*) が文献に初めて記録されるのは11世紀の半ばに書かれたビュルフトノースの手引書のなかだが、異教神を祭る場所の名がキリスト教化した後で付けられることはあり得ないと思われるから、地名の由来は大陸からの移住時代以降に基づくかも知れない。火曜日「チュウ神を祭る日」の Tiw はゲルマンの戦

の神だがあまり一般的でなかったようで、サリー州の Tuesley、ウオーリクシャー州の Tysoe「チュウ神の懸崖」にだけ残る。前者はE.エクウォールの地名辞典に記載されているが、D.ウイルソンは現存が確認される例としては、後者のみを引用している。なお、ハンプシャー州の Tislea、ウスタシャー州の Tyesmere「チュウ神の小池」はすでに過去の地名として記録されているに過ぎない。古英語 leah「森の中の空き地(開墾地)」、「森、森林」は今日 -ley として地名の第二要素に残る。この地名の数は多いので省略する。なお、Tysoe の古英語形は *Tiges hoh*「チュウ神を祭る崖」の意味である。

　Wednesday (OE *Wodnesdæg*) はゲルマンの最高神ウオーデン (Woden) を祭る日だから、ウエスト・サクソン王家あるいはケント、東アングリア、マーシャ、バーニシア、ディーラなどの各王家がその先祖をこの神に求めているのは興味深い。だが、エセックスの王家はその系図の初代を Seaxneat として、大陸時代の神をそのまま踏襲している。セアクスネートはウオーデンとチュウ神の息子と目される神である。ウオーデンの属性については後の古北欧語の文献から明らかで、彼はさまざまに姿を変え、あるいはいくつかの綽名(あだな)をもつ神として紹介されている[11]。「水曜日」の初例はリンディスファーンの福音書であるが、タキトゥスは『ゲルマーニア』(9章)で、この日を Mercury の日と同一視している。ケント州の Wodnesborough はウオーデンが崇拝されていたことを示しているが、東サクソン人のなかで、同様にウオーデン崇拝が存在した証拠は現在では失われた野原の名 Wodnesfeld、Wodnysfeld に記録されている。だが、今日でもスタフォードシャー州には

Wednesfield「ウオーデンの野原」が見られる。同州にはWednesbury「ウオーデンの土塁」があり、さらにウイルトシャー州のWansdyke「ウオーデンの盛り土」、さらにダービーシャー州の Wensley「ウオーデンの林」、などの地名が現存している[12]。

Thursday (OE *þunresdæg*、*þorsdæg*)は「聖木曜日」として901年頃のアルフレッドの法典に見られる。スノール(Thnor)はゲルマン神話の雷神を指すから、木曜日は「雷神を祭る日」の意味である。北欧神話ではトール神として知られる。イギリスの地名としてはエセックス州のThunderley「雷神の林」、同州にはThundersleyと所有格のsが残されている所もある。他にサリー州にはThunderfield、Thursleyも存在する。古英語の*þunor*は現代英語では /d/ が挿入されて thunder に変化しているが、これは13世紀半ばから記録されている(比較 オランダ語 donder、ドイツ語 Donner)。なお、記録に残されている地名の一部を記しておく。*Thnoreshlæw*「雷神の塚」(ケント州)、*Thnorslege*「雷神の林」(サセックス州)、*Thunresfeld*「雷神の野原」(ウイルトシャー州)などがある。

Fridayの Fri- はウオーデンの妻である*Frigg*に由来すると言われるが、ラテン語 *Veneris diēs*「ヴィーナスの日」、つまり「美と愛の女神の日」である。このラテン語はギリシャ語「アフロディテの日」のなぞりとされている。英語での初例はエゼルレッド王の法典に記録され、古英語の語形は *Frigg* の所有格に *dæg*「日」を伴う*Frigedæg* である。D. ウイルソンによれば、Freefolk(ハンプシャー州)、Frethern(グロスタシャー州)などが12世紀末に最初に記録されているが、だがこれらの地名がこの豊穣の女神を崇拝する場所である確証はないと述べている[13]。この二つの地名の第二要素は

「人々」と「茨のやぶ」の意である。

　Saturday の初例はビードの『教会史』に見られ、ラテン語 *Sāturnī diēs*「農業神サツルネスの日」に基づく。古英語は *Saturn(es)dæg* である。したがって、イギリスで直接関連する地名はない。

　初出年代が相対的に後の時代になると語形の確認が困難になるので、地名とゲルマンの神々との関連を単純に断定できない点がある。D. ウイルソンはウオーデンないしはスノールのいずれかを採る地名の数は七つあり「このうち五つは神の名が埋葬塚を指している」と述べ、神の名が人為的地形と結びついていると指摘する[14]。この評言は興味深い。

　さまざまな記録を読んでも、今日のように曜日があまり多用されていないの気づく。ビードの『教会史』や法典に日曜日は散見されるが、これ以外の他の曜日が当時の日常生活ではさほど重要視されていなかったのかも知れない。とくに現存する記録そのものがキリスト教への改宗後のものであり、曜日のいくつかが異教神の祭りとの連想もあるために避けられたのだろう。とくに異教神に基づく地名が示す場所で、実際にどのような儀式が催されたかは不明である。文献の上では明らかに限界があり、今後の考古学の成果に期待せざるを得ないと言うべきであろう。

第6章　世俗の詩

1　まじない詩

　アングロ・サクソンの「まじない詩」(charms)は『アングロ・サクソン詩文集　巻vi』に12編が収録されている。写本の英語は10世紀あるいはそれ以降に書かれているが、おそらくキリスト教の影響を受け、詩によっては、伝承される過程で内容が修正されたり、写し間違えられたりしている。このため、なかには正しく解釈できない詩行もある。だが異教的要素が鮮明に残され、アングロ・サクソン時代の病気治療のまじないを伝えてくれる詩もある。以下では3編のまじない詩を取り上げ、どのような内容が語られているかを紹介する。

　一般に『突然の差し込む痛みには』と呼ばれる詩の冒頭は、散文形式で薬草の処方が指示されている。この表題の意味は古英語の*færstice*「突然の差し込む痛み」という表現に基づいている。この痛みはリューマチを指し、この痛みの原因は魔女や妖精などが放った矢が刺さって生じると考えられている。だが痛みにはさらに筋肉のけいれんや関節痛も含まれるとも言われる。その処方は「突然の差し込む痛みには住まいの至るところに生えている、ナツシロギクと赤色のイラクサ、さらにオオバコを、バターを加え

て茹でなさい」と書かれている。だが同上の「住まい、住居」(ærn)の読み方には別の解釈がある[1]。その後に続く文章は難解である。「彼らが丘を越えてやってくるとき、彼らの声は大きく、ああ、声は大きかった」。彼らとは何者か。それは痛みをもたらす悪霊と解釈されているが、キャメロンの解説によると、「祈祷師は墳墓塚を越えてやってくる軍勢の攻撃を述べ、その軍勢に対抗する強力な薬があると断言し、攻撃者の武器に対抗するナイフの鋳造を述べて、患者に自信を与えた」と言うのである[2]。この攻撃してくる軍勢とは患者を襲う妖精や魔女を指すのだろう。祈祷師と目される人物が痛みで苦しむ者に向かって、「この攻撃から生き延びられるように、さあ自分を守りなさい」と言い、その後で彼は「出てこい、小槍、お前が体内にいるならば」とことばを発する。「小槍」とはちくちくと差し込む痛みを象徴していると思われる。祈祷師はこの痛みを撃退する手段として矢以外にさらに小型のナイフ、槍を準備している。冒頭のバターを入れて薬草を茹でる描写から察して、祈祷師はこの処方した液体を患部につけて痛みを取るお払いに使うのである。日本にも、同じ趣旨の「痛みよ飛んでいけ」というおまじないがある。この類似はおもしろい。

　アングロ・サクソン時代、魔術師を表す語が多用されたことは先に述べたが、この魔術師が祈祷師の役割を兼ねていたと考えられ、さらにまじないと薬草との結び付きはしごく当然のことだった。病気治療のお払いに、まじない師や祈祷師の介在は、きわめて日常的だったと思われる。この詩の最後は韻文で次のように終わる。

もしもその痛みが神々の一撃ならば、あるいは妖精の一撃であれば、

あるいは魔女の一撃であれば、さあ、私はお前を救って進ぜよう。

これ(薬)がお前には神々の一撃に効く薬、これが妖精の一撃に効く薬、

これが魔女の一撃に効く薬。さあ私はお前の痛みを救ってあげよう。

(矢よ)彼方の山頂に飛んで行け。よくなれ、神がお前の痛みを救ってくれますように。

それからナイフを手にして、それを液に差し込みなさい。

痛みが異教の神々や魔女による一撃であれば、祈祷師は患者の痛みを癒せると言っているが、祈祷師自らがすでにキリスト教の感化を受け、神の助けを求めている。細部については解釈不可能な箇所があるので、詳しく理解するにはさらに具体的に用語を検討しなければならないが、異教的雰囲気だけは十分に伝わってくるまじない詩である。なお、上の評言のなかで「神々の」(OE *esa* 属格複数)はゲルマンの神を表わしている。蛇足だが、*esa* の異形態 *os* は人名の Oswald「神の支配」に残る。

次に『ウエンに対抗して』(*Wiþ Wennum*)と呼ばれるまじない詩がある。ウエンの正体は、何かある腫れ物、あるいは小さな腫瘍を指しているかも知れない。何か小さな虫が体内に住み着いて病を引き起こすと考えられているようである。

ウエン、ウエン、ちっちゃなウエンよ、お前さんはここに住処を建てても住んでもいけません。北の方角の近くの丘(?)へ行かねばなりません。

そこにはお前の哀れな兄弟がいるのです。彼はお前の頭に木の葉を一枚きっと乗せてくれます。お前は狼の足に踏まれ、鷲の羽根で打たれ、鷲の鉤爪にかけられ、絶えず弱ってゆくでしょう。

暖炉の石炭のようにしぼみ、壁のごみのように縮みバケツの水のように減ってゆくのです。お前は亜麻仁のように小さくなり、小虫の尻骨のように、さらにもっと小さくなり、形がなくなるほど小さくなってゆくでしょう。

この詩では、キリスト教的要素が語句にまったく反映されていない。まじないの意図が多少は推測できるにしても、意味不明の内容が語られ、正確にはどんな病に対するまじないか明らかではない。

次は『九つの薬草のまじない詩』(OE *Nigon Wyrta Galdor*)と題され、74行の長い詩である。キャメロンはこの写本がよい状態でなく、間違いや、省略、入れ替えがあると指摘しているように、きわめて難解な個所が多い[3]。ここで表題の古英語について触れておく。*galdor* は「歌」から「呪文」、「まじない」の意味まであるが、現代英語では charm として訳されている。*wyrta* は「ハーブ」の意味で現代英語の wort「植物」に残るが、この名詞は例えば植物名 liverwort「ぜにごけ」の第二要素に残っている。*nigon* は現代の nine に変わる。以下ではこの詩の要所だけを取り上げる。

ヨモギよ、お前が何をはっきりと示したか、
レーゲンメルド(地名か？)で何を準備したかを忘れるな。
おまえはウナ(*Una*)と呼ばれ、薬草のなかで最古の草、
お前には三十三もの毒と感染に抵抗する力があり、防ぐ力がある。
お前には土地をあちこちうろつく敵に、刃向かう力がある。
薬草中の母なる、オオバコよ、お前は東向きに開き、内部に効力がある。
そのお前の上を戦の車はぎしぎし音と立て、女王たちはお前の上を
車で通り越した……雄牛はお前の上で歯ぎしりをした。
このようなことにお前は逆らい抵抗した。
このようにお前は毒と感染と土地をうろつく敵に抵抗できるのだ。
この薬草はスツネ(*Stune*)と呼ばれる。それは石の上で大きくなった。
それは毒に抵抗し、痛みと戦う……

ヨモギ、オオバコに続くスツネと呼ばれる植物は判然としない。もう一度くり返されるが、イラクサではないかと言われる。その他の植物は以下の通りである。ヒエ、カミツレ、イラクサ、野生リンゴ、タイム、ウイキョウ。以下の( )内の語形は古英語を示す。

蛇が一匹やってきて、人を咬んだ。

するとウオーデンは九本の栄光の細枝をつかんで、蛇を打つと
蛇は九つの部分に飛び散った……
タチジャコウソウとウイキョウは力では偉大なる一対の薬草、
天国で聖なる英邁な主は、(十字架に)かけられている間に
この薬草をお作りになった。
主は貧しきもの、富めるもの、すべてを救うため、
七つの世界にその薬草を配置した。
その対の薬草は……悪魔の手と突然のいたずらを防ぎ、
邪悪な生き物の魔法を防ぐ力がある。
さあこの九つの薬草は九つの悪霊に効く、九つの毒に、
九つの感染に、赤い毒に、液状の(renl?)毒に、
白い毒に、青い(wedenan)毒に、黄色い毒に、
緑の毒に、黒い毒に、青い(wedenan)毒に、
茶色の毒に、紫の(basewan)毒に効き
蛇に咬まれた水疱に、水ぶくれに、茨のとげによる水疱に、
あざみのとげによる水疱に、氷によってできた水疱に、
毒物による水疱に効くのです……

　上記の訳語では現代英語とは異なる英語が使われている場合だけ、対応する古英語が示されている。renl の意味は不明だが、その他8種類の色彩名が見られ、「青い」に wedenan が2度使用されている。この理由は、おそらく頭韻の必要から、同じ語を使いながら、似たような色を表そうとしたのではないかと推測される。この古英語は今日の woad「たいせい(植物名)、青色染料」と係わりのある語で、「青みがかった」、「紫色の」の意味を有している。こ

のように色を表す形容詞の多用は興味深いが、修飾される語がただ「毒」という一語であるから、これ以上色彩について考えるには十分な材料が提供されない。このまじない詩は次のような薬草の処方で終わる。

> ヨモギ、東に向かって開いているオオバコ、カッコウチョロギ、カモミレ、イラクサ、野生のリンゴ、タチジャコウソウとウイキョウ、それに
> 古石鹸。これらの薬草を砕いて粉末にし、石鹸、リンゴジュースと混ぜなさい。
> 水と灰を捏ねたペーストを用意しなさい。タチジャコウソウを取って、
> それをペーストのなかに入れて煮立て、その軟膏をつけるときには、その前でも後でも、
> 泡立てた卵にその薬草を浸しなさい。そして薬草の一本一本にこのまじないを
> 歌いなさい。彼(患者)がその薬草を準備する前に三度、
> 野生のリンゴにも同じようにしなさい。さらに患者が軟膏をつける前に、
> その同じまじないを、その人の口のなかに、両耳に、そして傷口に歌いかけなさい。

同上の詩では、部分的にキリスト教化されてはいるが、かなり異教的要素が濃厚に感じられとくにまじないと薬草とは無関係ではないだろう。意味不明の箇所については、いくつか解釈も出さ

れているが、詳細に論じるのは避けておく。

『ウエンに対抗して』ではとくに薬草の名や効能についての具体的記述は見られぬが、さまざまな毒と感染、水泡の治療と係わりがあることは推測がつく。キリスト教への改宗後、このようなまじないが、日常の生活でしばしば行われたのかどうか、それは不明である。だが、アングロ・サクソン人は、神への祈り、まじない、あるいは薬草にしか病や傷の治癒を頼らざるを得なかったと思われるので、上記のようなおまじないは、部分的にキリスト教化されたとはいえ、かなり後の時代まで残存したのではないかと推察される。

2　謎　詩（Riddles）

古英語の謎詩は、ほぼ1000年頃の写本である『エクセター本』に残されている。1072年に亡くなったレオフリッチがエクセター聖堂にこの写本を寄贈したが、この写本には95編の謎詩が記録されている。ふつう謎詩には番号が付されているが、謎詩3の一部には海の描写があり、この部分に限れば、普通の詩の一部と何ら変わりはない。一編の叙情詩と見ることも可能である。

時折、私は空から波を沸き立たせ、流れをかき立て
火打石のような灰色の潮を岸に向け駆り立てなければならない。
泡立つ大波は切り立つ断崖に向かって挑む。山なす大波がひとつ、深みの上に
黒々とそそり立つ。海によって駆られ、その波の背後に黒い別

の大波が

続く。そこで波は、海と陸の境近くの高い岩礁に打ちかかる。

　逆巻く怒涛が断崖に打ち寄せるさまはテニスンが書いた詩の一節を思い起こさせるような迫力に富んでいる。この謎詩は実際には、いくつかの詩が融合したらしく正確に謎詩とすることが困難ではないかと思われ、編者によっても詩行の分け方に違いがあるが、この詩についてはこれ以上触れないでおく。この一節を含む部分の解答を「海上の嵐」とする編者もいる[4]。

　この詩を引用した理由はこのような描写の後で「さて私は誰でしょう。当てて下さい」ということばで終わるからである。

　『エクセター本』(EETS版による)に収録されている謎詩のいくつかは、7世紀末にアルドヘルムがラテン語で書いた作品が模倣されたり、あるいは翻案されている。我々の関心を最も強く引きつけるのは、この時代を理解するためにきわめて重要な日常生活の一面がこの謎詩に描かれているからである。謎詩の一般的な形式は、一人称の「私」あるいは「私の……」という形式が冒頭の文章に現れ、ある内容が比較的ぼかした形で描写される。その後で私は一体何者でしょうか、と問うのである。答えが未解決な詩もかなりあるが、正解と考えられている謎詩のなかから一部を紹介しておく。

　謎の正解と考えられている自然現象には「風」、「嵐」、「地震」、「雷雨」、天体の「月」、「太陽」がある。鳥や動物には「カッコウ」、「ツバメ」、「野生の白鳥」、「野生のガン」、「狸」、「牛」、さらには、ルーン文字を取り入れた「カケス」(Jay)が正解と考えられる謎詩

がある。武器としては「槍」、「投石機」、「剣」、「弓」、「鎖帷子」などがあり、これらを別にして、とくに日常生活と係わりのある飲食物、道具類に「ワインのビーカー」、「鋤」、「牛の革」、「蜂蜜酒」、「ビール」、「レーキ」、「轡(くつわ)」、「練り粉」、「リード(reed)」、「火掻き棒」、「杯」、「織物と織機」、「玉ねぎ」、「羊飼いの笛」、「牡蛎(かき)」、「角笛」、「水」、「鍵」、「バグパイプ」、「からざお」、「撹乳器」、「風見鶏」などが見られる。上記とはかなり異なるものとして、「12月」、「聖書の写本」、「本の虫」、「本箱」、「ブナ、本」、「ペンと3本の指」、奇妙なものとしては「片方の目が不自由なニンニク売り」がある。上記のような正解が示されたとしても、議論の余地がある正解もある。以下では、興味深い詩をいくつか取り上げ、謎詩に見られる描写の特徴を述べておく。

　謎詩76は分かりやすい。この詩は写本の最後の部分に欠落があるが、内容から察して「牡蛎」が正解であることは疑問の余地がないだろう。「海が私を育ててくれた。私は身動きができず、口をしばしば海に向かって開く。今では、私の肉を食べる者がいるだろう。彼はナイフの先で体の横から覆いを剥ぎ取ると、外殻を欲しがらず、料理もせずにすぐ私を食べるのだ」。海岸近くで暮らす人々にとって牡蛎は好物であったことが推測される。謎詩には牡蛎以外に食べ物として、「玉ねぎ」、パンを作る「練り粉」が解答として考えられるものがある。後者では、私を「骨無しのもの」「膨れたもの」と呼んでいるが、出来上がったものを考えればパンを正解としても差し支えないだろう。

　謎詩27の正解は「蜂蜜酒」だが、かなり判読が難しい。大意を述べると17行のこの詩の前半は「私は男には価値あるもの、至ると

ころで見つかり森や山の斜面から運ばれる。昼間、羽根によって空中を運ばれ、屋根の下、雨露のしのげる場所に巧みに持ち運ばれたのである」。ここまでの内容から判断して、私なるものの正体は蜂蜜を暗示している。「羽根によって」の意味は私を運んだ蜂を指していることは明らかである。次に「その後私は桶のなかで洗われた」と語られており、これは蜜蝋になった私が、洗浄されたことを表しているのだろう。だが次の記述との間には飛躍があり、蜜蝋は蜂蜜酒に変身している。「いまや、私は（人を）縛るもの、打つもの、さらにまもなく投げ倒すものになる」と語られている。地に投げ倒された人は力を奪われ、大声でわめき、己が心、手足を思うにまかすことができない。後半の記述から「蜂蜜酒」という答えがはっきり示されているように思われる。最後に「地上に人を縛り付ける私は何者か探してみよ」と問うのである。前出の「縛るもの」という表現がここに至って明らかになる。この種の酒やビールは、当時の人たちによって愛好された飲み物であり、これは『ベーオウルフ』のなかにも同じ表現が見られることは、すでに述べた。

　謎詩21は「鋤」が正解とされている。アングロ・サクソン社会では多くの人たちが農耕に従事していたと考えられるが、この詩ではその一端が示されている。内容を概略示すと次のようになる。「私の鼻は下を向いている。私は地中を這って進み、掘るのです。私は森の灰色の敵と我が主人に導かれて進むのです」。「森の灰色の敵」とは鋤の柄となる樅か、トネリコの堅い木を指しているのだろう。さらに続く。

140　第6章　世俗の詩

　主人は私を持ち上げ押し続けて通った後に種を蒔く。私は鼻を地面につけて前進する……私は多くの不思議なことを体験するのです。私が前進すると、一方には緑があり、他方には私の通った跡がはっきりと黒い。私の背中を貫いて、一本精巧な先の尖ったものが私の下に突き出て、もう一本は頭にしっかりと固定して前方へ傾斜している。主人が私を上手に扱ってくれれば、私が歯で引き裂くものが傍らに落ちるのです。

土地を耕す際の鋤の細かい描写が現実感に溢れている。
　比較的短い謎詩を紹介したに過ぎないが、正解を導くのはそれほど困難ではないだろう。しかし、まったく謎に包まれている詩も1編紹介する。

　多くの賢い人たちが座って会議を開いているところに、ある生き物が歩いてやってきた。それには目が一つ、耳が二つ、足は二本で、頭は千と二百、背中と腹は一つずつ、手、腕、肩は二つあり、首は一つで、脇腹二つ。
さて私は誰でしょう。

　この正解は「片方の目が不自由なニンニク売り」とされているが、この詩がラテン詩を模したもので、正解は上記の答えである。ラテン詩が存在しなければ、まったくの謎と言わざるを得ない。ニンニクを暗示するのは「千と二百の頭」という表現だけであり、これは頭韻構成上の工夫によるものであって、ラテン詩の語句とは無関係と指摘されている。これ以外の内容は人間の描写である

から、とても正解を期待できない謎詩である。ニンニク売りがいつも目が一つ不自由というわけではあるまい。戦争か不慮の事故で目を失い物売りとなった人の姿を思い起こさせる。

　一般人の生活に聖書が普及していたとはとても思えぬが、写本の原料である子牛や羊の皮をなめす職人の存在を示す謎詩がある。正解は「聖書の写本」という点では意見の一致を見ていると考えられる。この謎詩26の大意は以下の通りである。この前半は、

　　敵が私から命を切り取り、体の力を奪い、その後私を磨いて、水に浸し、再び私を取り出してから、日なたに置いた。するとすぐに私の毛が抜けた。ナイフの鋭利な刃によって、汚れがきれいにこすり取られと、その後で私は裁断された

と語られている。ここまでは皮なめしの工程の描写である。次は出来上がった皮に文字が書かれる様が記され、羽ペンが「小鳥の喜び」と表現されているが、これは文脈から察しがつく。「ペンがインクを吸ってまた私を踏んだ」とある。次の記述は「私は保護板を被せられ、皮を張られ金で装飾された。だから私は鍛冶屋の見事な細工で飾られ、針金で留められたのだ」。これは大きな教会で使用されるかなり豪華な彩色写本であることを推測させる。写本１部を製作するために、何十、何百頭の子牛や羊が犠牲になったことを思うと、彩色写本は牧師や司祭が個人ではとても所有できない宝物であったろう。最後は「人々が私を利用すれば彼らはより安全に、より幸せとなり、……より親密な友、真の立派な身近な友が得られるだろう」と続き、「私自身は世の人々と聖者に

とって有益である」で終わる。

　謎詩には正解を当てるという楽しみがあるが、かなり知的な娯楽でもあったと思われる。とくに90数編の詩には、当時のありのままの生活を示す事実が包み隠されているが、その一端は上述の通りである。以上のように、かなり知的な内容を伴う詩もあるが、それを楽しめる人々はどのような階級の人たちだったのだろうか。

3　二つの詩

(1)『人の運命』

　『エクセター本』(EETS 版による)という写本には『人の運命』と呼ばれる100行足らずの詩と、110数行の比較的短い詩『人の才能』が収められている。この二つの詩の書かれた10世紀頃は、7世紀、8世紀に比較して生活の実態がどの程度好転したのか、それは正確には分からぬが、貨幣経済は発展していたと考えられる。だが、9世紀の中葉からヴァイキングの侵略の激しさ、反復される戦乱、重税などにより、民衆の生活はかえって困窮したと思われる。この二つの詩にはアングロ・サクソン人の社会生活の一端が描かれ、とくに前者の詩では必ずしも詩的誇張とは言えない現実の生活が示されている。後者は神によって人々がさまざまな能力を与えられ、どのような職に従事していたかを伝えてくれる。

　まず、前者の詩について述べてみよう。両親に育まれて幸福に成長した子供がやがてさまざまな運命を辿ることになる。

ある者にとって、青春のさなかに降りかかる彼の結末は、人々に悲しみの種となる。荒野の灰色の彷徨者、(すなわち)狼が彼を貪り食らい、彼の母親は息子の死を悼むが、死は人の力の及ばぬもの。飢えはある人を滅ぼし、嵐に吹き飛ばされるものもいる。槍で殺されるもの、戦で落命するもの、視力をなくし生涯を手探りで生きるもの、腱を怪我して虚弱になり、歩く力が弱く、痛みを嘆き、心病んで己の運命を嘆き悲しむものもいるだろう。飛ぶ羽がなく森の高い木から落ちる人もいるだろう。

(15−22行)

　上記のように狼、飢え、嵐、槍、戦、木からの転落など短い文脈ではあるが、悲惨な現実の一面がリアルに描かれている。「友のない人は己の不運のためにどこへ行っても嫌われる」とも語られる。さらに、人の運命は苛酷である。首吊り台に吊り下げられた死体からカラスが目をえぐり出す。いかなる罪を犯して処刑された人物か。火炎に包まれて焼死する人、怒った酒飲みが、抜刀して他人の命を絶つことは日常茶飯事だったのかも知れない。酔っ払いの飲む酒は「蜂蜜酒」(mead)と記されている。さらに飲んだくれは惨めにも命を失うことがあるが、人は彼を自殺者と呼ぶ。自業自得ということか。この詩には酒に関する次の表現「蜂蜜酒を酌み交わす(広間の)腰掛け」(meadbench)があり、簡単に言えば「宴席」であろう。さらに「エールの飲んべえ」(OE *ealowosa* 'ale-tippler')、「ワインを飲み過ぎた人」(OE *wer winsæd* 'satiated with wine')、「ビール」(OE *beor*>beer)などが見られる。この時代からいわゆる「酒」を指すことばはすでに広く用いられていたことが分かる。

第6章 世俗の詩

　不運、不幸ばかりが人の暮らしを支配していたわけではない。若いときに逆境を経て老年に至り恵まれた楽しい日々を送る人、あるいは富を得る人もいる。不幸と対照的に後半の30行には幸運に恵まれた人々の諸相が描かれる。

　戦闘での成功、戦争での勇敢な活躍、槍投げあるいは矢を撃つ術、サイコロ遊びの技、チェスの名人、学識のあるもの書き、鍛冶屋としての見事な腕前など、一芸に優れた人が紹介されている。見事な剣を鍛える鍛冶屋には王から褒賞として広い土地が与えられ、鍛冶屋が社会的に重視されていたことが分かる。立派な剣は命を守る武器だったからだろう。以下では「ハープ弾き」と「鷹匠」の描写を紹介する。

　　あるものはハープを手にして、主(あるじ)の足元に座って富を拝受し、弦を絶えずせわしく弾き、躍動する撥、美しい響きをはじき出す爪を音高く響かせるだろう。彼の熱意は並たいていではない。
　　自分の手でその激しい鳥がおとなしくなるまで、誇り高い野生の鳥、(すなわち)鷹を飼い慣らす人もいるだろう。彼は足輪をその鳥に取り付け、足かせをつけた羽根自慢の鳥を飼育し、わずかな食べ物を与えてすばやく飛ぶ鳥の力を弱めると、ついに、そのウエールズの鷹は飼い主に対し激しさも動作もおとなしくなり、その主人である青年の手に導かれる。　　(80-92行)

「かくのごとく、人々の救い主はこの世界のすみずみまで、見事に人の能力を定め、地上にいる人間それぞれの運命を導き下された。神のご慈悲によって定められたすべてに対し神に感謝しよ

う」という言葉でこの詩は終わる。

(2)『人の才能』

『人の才能』のなかでは、神の配剤によって、人にはさまざまな才能が割り当てられると語られている。この意味では上述の詩と共通する面がある。この詩は、10世紀頃創作されたが、この詩から、我々は当時のアングロ・サクソン社会にどのよう分野で才能や資質に恵まれた人がいたかをかいま見ることができる。「　」のなかは詩からの引用部分を示す。

まず、「不幸な、運に恵まれない人だが、心の能力に長じた人」がいると記されている。世の不幸を一身に背負っても他人の気持ちを十分に忖度できる、心の広い人格者を指した言葉なのだろう。なぜこのような人物を最初に取り上げたのだろうか。「力の強い人」の存在価値は、時代背景を考えれば納得できる。だが、詩人はキリストの教えを身につけた人間を念頭に置いたと考えられる。

「姿美しく、みめ麗しい人」はいつの時代でも、もて囃される。「歌に優れた詩人」は『教会史』のケアドモンを思い出させるが、農民出身の彼がヒルダのもとで詩作の才能を高く評価されたこと自体、きわめて異例なことだったと思われる。文字が一般に普及していなかった時代に、ケアドモンがある夜、神の啓示によって詩を詠む才能を与えられたことは、一つの奇跡と考えられたのだろう。『デオール』と呼ばれる作品では、主人の寵愛を受けていた詩人が、別の詩人にその地位を奪われる嘆きが語られているが、「雄弁な人」もまた『ベーオウルフ』に登場する王の側近で、宮廷では

重臣の地位を占めるアシュヘレを想起させる。このように、彼らの雄弁な才能は高く評価されていたと思われる。

「賢人たちの会議で国民の法を熟慮する人」の存在は、すでに7世紀のウエスト・サクソン王による法典の起草に参加した賢人が知られているが、この時代になっても、国王の顧問格である賢人たちを指すのであろう。その職には教会の高位聖職者が任じられたようだ。

「巧みに高い建造物を考案する人」は、石像の聖堂建築家の存在を示すと思われる。個人の住宅を建てるのがうまい大工も引き合いに出されている。アルフリッチの『会話』では大工は家ばかりではなく、種々の器や船を作ると語られている。古英詩『ウイドシース』には諸国を遍歴する吟遊詩人が登場するが、「ハープの演奏のできる人」は、王の館などで余興として王侯、貴族を楽しませる楽士であったかも知れない。「弓術家」、「金、宝石細工の熟練者」、「腕のよい鍛冶屋」も、先に述べたようにそれぞれ一芸に秀でた人を表している。鍛冶屋の製品は兜、短剣、鎖帷子、えん月刀(少し反り身の刀)、盾の飾り鋲などである。また、宝石職人や鍛冶屋の見事な作品は今日まで伝えられ、その水準の高さを実証している[5]。

また「海の道を知る人」は航海術に優れた船乗りを指す。アルフレッドによって英国海軍が創設されたが、アングロ・サクソンの人々は、すでに大陸にいた当時から海上交通を生活の手段としていた。古英詩の海を表す言葉の多様性についてはすでに触れたが、詩情豊かな表現を生み出す素地は、すでに大陸時代にその萌芽があったと見ることができるだろう。「馬の扱いに長じた人」も社会

的に評価されたのも当然である。

　その他、特別な能力・資質を与えられている人を紹介しておく。「法律に詳しい人」は今日では弁護士に相当するが、当時では学者、とくにウルフスタン大司教のような聖職者が法律に詳しい人と考えられたであろう。「立派なビール番」という古英語の表現はどんな役割を与えられた人なのだろうか。たんに「食料係」、「執事」と定義する辞書もあるが、判然としない。ひょっとするとビール番を勤めながらビールをひそかに頂戴する不心得な番人がいたのかも知れない。「司令官、将軍」(OED、*heretoga* 参照)、「評議員」(OE *folcwita*「人々の賢者たち」)、「側近の武士」(OED、*thane* 参照)などの役職名も見られる。また、鷹の扱いに長けた「野鳥取り」は職業だった。なお、アルフリッチの『会話』のなかで鷹の飼育についての話があり、また漁師が鯨を捕っていたことが記されているが、これは興味深い。教会の礼拝では「彼は大声で命の主を讃える歌を歌い、賛美する能力がある」と歌唱の技量に優れている人がいる。すでに『教会史』のなかでは、カンタベリの教会で聖歌を歌い指導したヨハネスが紹介されている。この詩が書かれた時代には、グレゴリオ聖歌などの教会音楽がすでに定着していたことを裏付けている。最後に、学問に専念する人は「書物を読む能力を授けられた人」、「謎めいた言葉を書き留める才のある人」と語られている。「謎めいたた言葉」とは一般の人には無縁の言葉ということだろうか、それともルーン文字を書き記す人を指しているのだろうか。おそらく前者の、ラテン語や古英語を書き連ねる写字生のことを指していると考えられる。

　以上のように職業も含めて多種多彩な能力に恵まれた人々が紹

介されているが、これも皆、全能の神の思し召しであることを知らしめるための教訓的意図によるのであろう。ついでながらアルフリッチの『会話』には猟師、農夫、羊飼い、牛飼い、漁師、野鳥取り、商人、靴職人、塩作り、パン作りなどの職業が紹介されている。『人の才能』のなかではとくにこれらの職業については触れられてはいない。

4　吟遊詩人ウイドシースと竪琴

　ゲルマン人は吟遊詩人をショップ(scop 廃語)と呼んでいた。彼らは主として王や英雄などによる他民族や他部族の征服の偉業や軍功を、竪琴を奏でながら語り、彼らの名声を不朽のものにするのが務めだった。竪琴は今日ではハープともライア(lyre)とも呼ばれるが、古英語の写本に描かれているものはライアと称するほうがふさわしい。ここに描かれた挿絵から察して、この楽器はかなり素朴な形式であることを示している。サットン・フーの発掘品から復元されたハープが大英博物館に陳列されていたが、同様にきわめて素朴な形状を示していた。『教会史　巻iv、24章』では宴席でハープが廻され、それに合わせて歌を吟じるしきたりが記され、ケアドモンはハープが自分に近づくといつも言辞を弄して席を辞したという話が紹介されている。この描写から竪琴はきわめて小型であったことが推測される。

　7世紀後半のことだが、ウイットビーの尼僧院長ヒルダの時代に、このように竪琴を奏でて、人を楽しませる習慣が娯楽として定着していたと思われる。また『ベーオウルフ』(89-90行)には「館

には竪琴の調べと詩人の澄んだ吟誦の声が響き渡った」と宴席の情景が描かれている。さらに英雄ベーオウルフがイエアタスの国に帰還し、ヒュエラーク王にグレンデルとその母親との決戦の顛末を報告するくだりで、デネの王、フロースガール王がハープを奏で、奇談や若い時代の懐旧談を語ってくれたことを披瀝する場面がある。王にもこのような特技をもつ人がいたのだろう。このように歌とハープは一対の技芸として尊重されていたのは、フロースガールの側近武士（セイン）の一人に、詩的才能を有する人物がいたことでも証明される。『ベーオウルフ』のなかで、この人物は次のように紹介されている。

　　ときに王の側近の武士、誇り満ち溢れる人は、歌謡を心にとめており、いくあまたの古き伝承を記憶していたが、その人は正しく結び付けられた別のことばを見つけた。　　（867-71行）

この武士は自らハープを演奏しながら即興的に言葉を連ね、しかも言葉を韻律の法則に従って選択しなければならない。このような特殊な才能を身につけた人物は決して多かったとは思えない。上記の『人の才能』という詩では、ハープ弾きの才能に触れた部分があることをすでに述べた。ケアドモンは歌を吟じる才能を睡眠中に神の啓示によって獲得したが、俗人のケアドモンがこの特殊な才能を得たことが、尼僧院長ヒルダによって一つの奇跡として受け取られていたと思われる。学問の素養のない尼僧院の下男が、聖書にまつわる深遠な話を一夜にして習得したことは、それ自体、人々の興味を引く話ではあるが、このエピソードを奇跡

と解釈し、奇跡を行うものが司教や司祭などの聖職者に限られていないことをビードは紹介しておきたかったのかも知れない。

古英詩『ウイドシース』は架空ではあるが吟遊詩人の名前が記されている数少ない作品の一つである。ウイド (cf. wide) は「広い」、シースは「旅」の意味だから、固有名詞として「遠く旅する人」と訳せる。この詩の内容から判断して、実在の詩人が実際に体験したことを記録したのではないことは明らかである。この詩の製作年代が8世紀と推定されているが、これが正しいとすればイギリス最古の詩の一つと考えられる。実際には、古い伝承を数多く記憶し、かつ遠く旅路に足を運び、その詩を吟誦することを無上に愛した詩人が、時空を越えて旅をするウイドシースの原型として存在していたのかも知れない。「私はいつもエオルマンリッチ(王)と共にいた」と彼は語っているが、この王は4世紀の60－70年代に栄えたオストロゴッスの王で、375年に没したとされる(ローレンス、45頁)。この詩人は自分をこの宮廷に身を寄せている人物と位置付けているが、彼の直接の主はロンバルド人の王アルボインと語られている。彼は6世紀後半に栄えた王である。このような背景の設定にはむしろおおらかなユーモアさえ感じさせるのである。

彼が紹介する部族と場所のほぼすべてが、北海やバルト海との係わりがあり、『ベーオウルフ』のなかで語られている内容を補完する意味で重要な作品と評価されている。詩の文章構造はきわめて単純で、いわば記憶に便利な形式を取っているが、その典型的な形式は「……と共にいた」である。これには「……のもとにいた」、「……のところへ行ったことがある」という含みをもたせている。例えば我々になじみのあるゲルマンの部族を挙げると、「私はア

ングル人と共にいた……サクソン人のもとにいた……私はデイン人……、バーガンディア人、チュリンゲン人のところへでかけたことがある」という次第である。だが、すべてがこのような調子で語られているわけでもない。以下ではこの詩のなかでまとまりのある詩行の一部を紹介しておく。

　さらに私はいつもエオルマンリッチと共にいた。その際、かのゴート人の王（エオルマンリッチ）は私を手厚くもてなしてくれた。町の住民の長（おさ）は私にシリングで数えると純金600枚に換算される金環を与えてくれた。帰国の折、私は大切な方の報いにそれを我が保護者である主、エアドギルスに与え彼の手元にゆだねた。それは彼、ミルギングズの王が私に土地、我が父の住処を与えて下されたからだ。

このように吟遊詩人はその能力を買われて、高い評価が与えられていたと思われる。通称『デオール』という短い詩には詩人としての地位を追われたデオールの嘆きが語られているが、おそらく彼は主人の不興をかって職を解かれたのであろう。ゲルマンの歴史の一部が竪琴の弾奏に合わせて語り継がれ、文字と無縁な多くの人々にさまざまな情報が伝達されたと思われる。我々には語り継がれ、記録されたものしか残されていないのが実情である。まだまだ多くの情報が詩人によって語られ、この語りこそが当時の人々にとって、またとない娯楽でもあったろう。吟遊詩人を指すことばに「喜びを与える人」（cf. gleeman）という複合語があるが、この語は当時の詩人の役割を見事に示唆していると思われる。

注

※〔 〕内は参考文献の番号を示す。

はじめに

1) D.V.J. フイシャー著『アングロ・サクソン時代西暦400年頃から1042年まで』(ロングマン、1978年)。
2) この作品の邦訳はないので次の著作を参照。J. ベイトリー編『古英語オロシウス』(オックスフォード、1980年)。
3) 原著名、Bede's *Ecclesiastical History of the English People* (Oxford, 1979).
4) 原著名、*English Historical Documents*, Vol. 1 (Eyre & Spottiswoode, 1968).

第1章

1) D. ハリソン著『ノルマン征服以前のイングランド』(イプシッチ、発行年記載なし)**(43)** 7頁を参照。
2) J. グリーン & R.J.C. アトキンソン著『有史以前のストーンヘンジとエイヴェリ』(ピトキン画報、1980年)**(40)**。
3) M. マーカス & J. ギリンガム著『イギリス歴史地図』中村英勝他訳(東京、1981年)〔24〕14-15頁参照。
4) ハリソン、前掲書、9頁参照。
5) ハリソン、前掲書、10頁参照。
6) カエサル『ガリア戦記』(岩波書店、1964年)〔18〕197-200頁を参照。
7) P.J.ヘルム著『ローマン・ブリテンの探索』(ロンドン、1975年)**(44)** 64-65頁参照。
8) J.A. ギレス編『六つの古い年代記』(AMS Press, 1968年)**(35)**「ギルダス著作集 6節ブリトン人の反乱」を参照。
9) R.G. コリングウッド『ローマン・ブリテン』(オックスフォード、1970年)**(1)** 59-60頁参照。
10) 参照、レイヤモン『ブルート』第1巻**(14)** 6910行以降参照。
11) ギレス編、前掲書「ギルダス著作集 19節」参照。
12) マーカス & ギリンガム、前掲書、30頁参照。
13) ギレス編、前掲書「ギルダス著作集 6節」を参照。
14) R.モリス著『風景のなかの教会』**(63)** 40頁を参照。

15) F. L. クロス & E. A. リィヴィングストーン編『オックスフォード・キリスト教会辞典』(オックスフォード、1997年)**(83)**、聖アルバヌス参照。
16) 同上書、聖パトリック参照。
17) 同上書、聖デイヴィッド参照。
18) ギレス編、前掲書「ギルダス著作集」参照。
19) 同上書、310頁、§23参照。
20) 同上書、312頁、§25参照。
21) D. H. ファーマー『オックスフォード聖人辞典』(オックスフォード、1988年)**(85)**95－99頁。
22) 同上書、7－8頁を参照。エイダンについては以下を参照。J. E. キング訳『ビード歴史著作集 巻Ⅱ』(ロエッブ古典叢書、1976年再版)347－51頁、397－413頁参照。
23) B. コルグレーブ & R.A.B マイナーズ編『ビード イギリス国民教会史』(オックスフォード、1979年)**(25)**序文xxiv-xxvを参照。
24) キング訳、前掲書、399－401頁参照。
25) クロス&リヴィングストーン編、前掲書、Codex Amiatinus参照。
26) S. A. ブルック著『初期英国文学史 巻2』**(15)**「ヨークの学校」292頁参照。
27) P. ゴッドマン編『アルクィン、ヨークの司教、王、聖者』(オックスフォード、1982年)**(38)**。
28) 同上書、序論xlivを参照。
29) 同上書、序論xxxixを参照。
30) ブルック、前掲書、巻2「ヨークの学校」302頁参照。
31) ゴッドマン、前掲書、序論xxxを参照。
32) 寺沢芳雄編『英語語源辞典』(研究社、1997年)〔10〕, Kentを参照。
33) E. エクウォール編『簡約オックスフォード・英国地名辞典』**(84)**159頁を参照。

第2章

1) R. H. ホジキン著『アングロ・サクソン史 第1巻』(オックスフォード、1953年、第3版)**(47)**317頁参照。
2) シュトルムも『ビードの歴史書における古英語の人名』**(73)**12頁で

Cynericeを「王国」の意味に解釈している。

3) 同上書、62頁参照。
4) クレーベル編『ベーオウルフ及びフィンズブルフの戦い』(ボストン、1950年、第3版)**(53)** 32頁、脚注3参照。
5) テキストの異同については、クラップ&ドッビー編『アングロ・サクソン詩文集 VI』(ニューヨーク、1966年) 153頁、注を参照。
6) H.ブレアー著『アングロ・サクソンイングランド入門』(ケンブリッジ、1962年)**(12)** 24頁参照。
7) ピーター・クレーモズ編『アングロ・サクソン・イングランド 第6巻』(ケンブリッジ、1979年)**(23)**, M.ゲリング「古英語地名におけるラテン語からの借用語」1-13頁を参照。
8) A ルーム『イギリス諸島地名辞典』(ブルームズベリ、1988年)**(89)** 407頁参照。
9) C.J.L.カートライト著『ピーターバラ大聖堂』(ピトキン画報、1975年)**(18)** 3頁参照。
10) E.エクウォール編『簡約オックスフォード・イギリス地名辞典』**(84)** Peterboroughを参照。
11) Aルーム、前掲書、213頁参照。
12) 同上書、310頁参照。
13) アルフレッド大王についての研究書、邦訳は以下を参照。高橋博著『アルフレッド大王』(朝日新聞社、1993年)〔9〕;B.A.リチャーズ著、高橋博訳『アルフレッド大王』(開文社出版、1985年)〔29〕;アッサー著、小田卓爾訳『アルフレッド大王伝』(中公文庫、1995年)〔14〕。

第3章

1) E.エクウォール編『簡約オックスフォードイギリス地名辞典』**(84)** Charltonを参照。
2) J.R.クラーク・ホール他『簡略アングロ・サクソン辞書』(ケンブリッジ、1960年)**(82)**。
3) ミードの論文「古英詩における色彩」*PMLA*, 14巻2(新シリーズ7巻2)175-76頁参照。

4) N.F. バーレイの論文「古英語色彩分類」17頁を参照。この論文は『アングロ・サクソン・イングランド 第3巻』(ケンブリッジ、1974年)に収録されている。
5) 須賀川誠三「英語色彩語の変遷と意味変化」『獨協大学英語研究』第41号(1994年)179頁参照。須賀川誠三著『英語色彩語のいみと比喩 歴史的研究』(成美堂、1999年)〔8〕も参照。
6) 『コンサイス・オックスフォード辞典』(第9版、1995年)。
7) ミード、前掲論文、19頁を参照。
8) バーレイ、前掲論文、15頁を参照。

第4章

1) D.ホワイトロック編『英国歴史文書』(77)327頁、「勅許状と法律」を参照。
2) R.P.エイブルズ著『アングロ・サクソン・イングランドにおける王権と軍事義務』(カリフォルニア大学出版局、1988年)(7)12頁参照。
3) 同上書、37頁参照。
4) 前掲、『英国歴史文書』358頁、注6を参照。
5) 三好洋子著『イングランド王国の成立』(吉川弘文館、1967年)〔12〕第4章を参照。

第5章

1) C.R.チェネイ著『日付のハンドブック』(ロンドン、1978年)10頁参照。
2) 渡辺敏男著『暦』恒星社、1937年)156−58頁を参照。
3) タキトゥス著『アグリコラ、ゲルマーニア、対話』(ロエッブ古典叢書)17頁参照。
4) 同上書、149頁。
5) G.ヘルツフェルド著『古英語殉教者伝』(EETS, OS. 116, クラウス。リプリント版、1990年)13頁参照。
6) ボスワース&トーラー編『アングロ・サクソン辞書』Sol.を参照。
7) 同上書、Solmonaðを参照。
8) E.S. ダケット著『アングロ・サクソンの聖人と学者』(コネチカット、

1967年)310、311頁参照。
9) ボスワース&トーラー編、前掲辞書、Winterfylleðを参照。
10) ダケット、前掲書、311頁参照。
11) D. ウイルソン著『アングロ・サクソンの異教』(ルートレッジ、1992年)**(80)**20頁ではウオーデンの綽名のひとつGrimがGrimsditchの第一要素と結び付けられ、少なくとも11の州で見られるという。
12) 同上書、11−21頁参照。
13) 同上書、21頁参照。
14) 同上書、13頁参照。

第6章

1) M. L. キャメロン著『アングロ・サクソンの医学』(ブルワー、1993年)**(16)** 142頁参照。
2) 同上書、144頁参照。
3) 同上書、144頁参照。
4) W. S. マッキー編『エクセターブック 巻2』(EETS:1958年、リプリント)**(62)**91−92頁参照。
5) L. ウエブスター& J. バックハウス編『イングランドの形成 アングロ・サクソンの芸術と文化』(大英博物館出版、1992年)参照。

参考文献

日本語文献

研究書・論文等

1 青山吉信著『アングロ・サクソン社会の研究』山川出版社、1974年
2 荒木源博著『英語語彙の文化誌』研究社出版、1983年
3 荒正人著『ヴァイキング』中央公論社、1971年
4 イギリス中世史研究会編『イギリス中世社会の研究』山川出版社、1985年
5 小野茂著『フィロロジーへの道』研究社、1981年
6 同『フィロロジーの愉しみ』南雲堂、1998年
7 島村宣男『英語叙事詩の色彩と表現』八千代出版、1988年
8 須賀川誠三著『英語色彩語の意味と比喩 歴史的研究』成美堂、1999年
9 高橋博著『アルフレッド大王』朝日選書、1993年
10 寺沢芳雄編『英語語源辞典』研究社、1997年
11 羽田重房著『英国民主制の起源―賢人会の研究―』立花書房、1963年
12 三好洋子『イングランド王国の成立』吉川弘文館、1967年
13 吉村貞司著『ゲルマン神話』読売新聞社、1972年

翻訳書

14 アッサー著、小田卓訳『アルフレッド大王伝』中央公論社、1995年
15 ウイークリー著、寺澤芳雄・出渕博訳『コトバのロマンス』岩波書店、1987年
16 マックス・ウエーバー著、世良晃志郎訳『古ゲルマンの社会組織』創文社、1969年
17 忍足欣四郎訳『ベーオウルフ』岩波書店、1994年
18 カエサル著、近山金次訳『ガリア戦記』岩波書店、1964年
19 苅部恒徳対訳「ベーオウルフ」『新潟大学教養部研究紀要』第20、21、22、23集、1990－93年

20 タキトゥス著、泉水久之助訳『ゲルマーニア』岩波書店、1966年
21 H. ダンネンパウワー著、石川操訳『古ゲルマンの社会状態』創文社、1969年
22 D. ノウルズ著、朝倉文市訳『修道院』平凡社、1972年
23 羽染竹一訳『古英詩大観』原書房、1985年
24 M. フォーカス＆J. ギリンガム著、中村英勝・森岡敬一・石井摩耶子訳『イギリス歴史地図』東京書籍、1983年
25 H. ブラッドリ著、寺澤芳雄訳『英語発達史』岩波書店、1982年
26 ヨハネス・ブレンステッズ著、荒川明久・牧野正憲訳『ヴァイキング』人文書院、1988年
27 ヘルタ・マルクヴァルト著、下瀬三千郎訳・注『古英語のケニング』九州大学出版会、1997年
28 アンドレ・モロワ著、小林正訳『英国史 上巻』新潮社、1963年
29 B. A. リチャーズ著、高橋博訳『アルフレッド大王』開文社出版、1985年

欧文文献

Roman Britain and Celt

1 Collingwood, R. G., *Roman Britain* (Oxford, 1970)

2 Collingwood, R. G. & Myres, J. N. L., *Roman Britain and The English Settlements* (Oxford, 2nd edition, 1947)

3 Dumville, David N., *Saint Patrick* AD.493- 1993 (The Boydell Press, 1993)

4 Easting, R. (ed.), *St Patrick's Purgatory* (EETS, 1991)

5 Ellis, P. B., *Celt and Saxon* (Constable, 1993)

6 Salway, P., *The Oxford illustrated History of Roman Britain* (Oxford, 1993)

History and Culture

7 Abels, Richard P., *Lordship and Military Obligation in Anglo-Saxon England* (Univ. of California, 1988)

8 Abrams, L., *Anglo-Saxon Glastonbury Church and Endowment* (The Boydell Press, 1996)

9 Abrams, L. & Carley, James P., *The Archaeology and History of Glastonbury Abbey* (Boydell, 1991)

10 Arnold, C. J., *An Archaeology of the Early Anglo-Saxon kingdoms* (Routledge, 1988)

11 Aston, M., Austin, D., & Dyer, C. (eds.) , *The Rural Settlements of Medieval England* (Blackwell, 1989)

12 Blair, P. H., *An Introduction to Anglo-Saxon England* (Cambridge, 1952)

13 Blair, P. H., *The World of Bede*. rev.ed. (Cambride Univ.Press, 1991)

14 Brook, G. L. & Leslie R. F. (eds.) , Laȝamon: *Brut* (EETS 277: Oxford Univ. Press, 1978)

15 Brooke, Stopford A., *The History of Early English Literature* (Macmillan, 1892) , Vol.2

16 Cameron, M. L., *Anglo-Saxon Medicine* (Cambridge Univ. Press, 1993)

17 Carley, James P. (ed.) , *The Chronicle of Glastonbury Abbey* (The Boydell Press, 1985)

18 Cartwright, C.J.L., *Peterbourgh Cathedral* (Pitokin Pictorials: London, 1975)

19 Clark, Cecily, *Words, Names and History* (D. S. Brewer, 1995)

20 Classen , E. & Harmer, F.E. (eds.) , *An Anglo-Saxon Chronicle* (Manchester, 1926)

21 Clemoes, P. (ed.) , *The Anglo-Saxons* (Bowes & Bowes, 1959)

22 Clemoes, P. and Hughes, K. (eds.) , *England Before The Conquest* (Cambridge, 1971)

23 Clemoes, P. (ed.) , *The Anglo - Saxon England,* Vol.6 (Cambridge, 1979)

24 Cocayne, O., *Leechdoms, Wortcunning, and Starcraft* (London, 1865)

25 Colgrave, B. & Mynors, R. A. B., *Bede's Ecclesiastical History of the English People* (Oxford, 1979)

26 Conner, Patrick W., *Anglo-Saxon Exeter* (The Boydell Press, 1993)

27 Crossley-Holland, K. (Trans. & ed.) , *The Anglo-Saxon World* (The Boydell Press, 1982)

28 Cubitt , C., *Anglo-Saxon Church Councils c. 650-850* (Leicester Univ. Press, 1995)

29 Cunliffe, B., *Wessex To A. D. 1000* (Longman, 1993)

30 Dobbie, E.v.K. (ed.) , *The Anglo-Saxon Minor Poems* (ASPR vi: New York, Columbia Univ. Press, 1942)

31 Dumville, David N., *Liturgy and The Ecclesiastical History of Late Anglo-Saxon England*, (The Boydell Press, 1992)

32 Dumville, David N., *Wessex and England from Alfred to Edgar* (The Boydell, Press, 1992)

33 Fisher, D. J. V., *The Anglo-Saxon Age c 400-1042* (Longman, 2nd edition, 1973)

34 Garmonsway, G. A. (ed), *Ælfric's Colloquy* (Methuen: London, 1961)

35 Giles, J. A. (ed.), *Six Old English Chronicles* (AMS Press, 1968 rep.)

36 Godden, M., Gray D. & Hoad, T., *From Anglo-Saxon to Early Middle English* (Oxford, 1994)

37 Gollancz, I. (ed.), *The Exeter Book*, Part 1 (EETS,1985)

38 Godman, P., *Alcuin, The Bishops, Kings, and Saints of York* (Oxford: Clarendon Press, 1982)

39 Grant, R. M., *Early Christianity and Society* (Collins, 1979)

40 Green, J. & Atkinson, R.T.C., *The Prehistoric Temples of Stonehenge & Avebury* (Pitkin Pictorials: London, 1980)

41 Green, J. R., *A Short History of The English People* (Macmillan, 1952)

42 Hachmann, R., *The Ancient Civilization of The Germanic Peoples* (Barrie & Jenkins, 1971)

43 Harrison, D., *England before The Norman Conquest* (Ipswich, the date of publication not written.)

44 Helm, P. J., *Exploring Roman Britain* (Robert Hale, 1975)

45 Higham, N. J., *An English Empire — Bede and the Early Anglo-Saxon Kings —* (Manchester Univ. Press, 1995)

46 Hines, J. (ed.), *The Anglo-Saxons from the Migration Period to the Eighth Century* (The Boydell Press, 1997)

47 Hodgkin, R. H., *A History of The Anglo-Saxons* (Oxford Univ. Press, 3rd edition, 1953), 2Vols.

48 Hooke, D. (ed.), *Anglo-Saxon Settlements* (Blackwell, 1988)

49 Jan de Vriend, H., *The Old English Herbarium and Medicina de Quadrupedibus* (EETS, OS 286:Oxford Univ. Press, 1984)

50 John, E., *Reassessing Anglo-Saxon England* (Manchester Univ. Press, 1996)

51 Keynes, S. & Lapidge, M. (Trans., Intro. & Notes), *Alfred The Great* (Penguin

Books, 1983)
52 Kirby, D. P., *The Earliest English Kings* (Unwin Hyman, 1991)
53 Klaeber Fr. (ed.), *Beowulf and The Fight at Finnsburg* (D.C. Heath: Boston, 1950)
54 Krapp, G.P.& Dobbie, E.v.K. (eds.), *The Exeter Book (ASPR III)* (New York: Columbia Univ. Press, 1966)
55 Krieg, M. L. F., *Semantic Fields of Color Words in Old French, Old English, and Middle English* (The Univ. of Michigan, Ph.D., 1976 (Xerox University Microfilms))
56 Lapidge, M. (ed.), *Archbishop Theodore*, (Cambridge Univ. Press, 1955)
57 Lapidge, M. & Gneuss, H., *Learning and Literature in Anglo-Saxon England* (Cambridge, 1985)
58 Lapidge, M. & Herren, M. (trans.), *Aldhelm The Prose Work* (D. S. Brewer, 1979)
59 Lawarence, W.W., *Beowulf and Epic Tradition* (Hafner: New York and London, 1963)
60 Levison, W., *England and The Continent in The Eighth Century* (Oxford, 1973)
61 Loyn, H. R., *Anglo-Saxon England and the Norman Conquest* (Longman, 1991)
62 Mackie, W. S. (ed.), *The Exeter Book*, Part II (EETS, 1934)
63 Morris, R., *Churches in the Landscape* (Dent, 1988)
64 Musgrove, F., *The North of England* (Blackwell, 1990)
65 North, Richard, *Pagan Words and Christian Meanings* (Amsterdam, 1991)
66 Page, R. I., *Life in Anglo-Saxon England* (London, 1972)
67 Plummer, C., *Two of The Saxon Chronicles* (Oxford, 1952), 2vols.
68 Reaney, P. H., *The Origin of English Place Names* (Routledge & Kegan Paul, 4th edition, 1969)
69 Serjeantson, Mary S., *A History of Foreign Words in English* (Routledge & Kegan Paul, 1968)
70 Shove, D. J., *Chronology of Eclipses and Comets AD 1 -1000* (The Boydell Press, 1984)
71 Smyth, A. P., *King Alfred The Great* (Oxford, 1955)
72 Stenton, F. M., *Anglo-Saxon England* (Oxford, 2nd edition, 1967)
73 Störm, H., *Old English Personal Names in Bede's History* (Kraus Reprint, 1968)
74 Wallace-Hadrill, J. M., *Early Germanic Kingship in England and on the*

Continent (Oxford, 1971)

75 White C. L., *Ælfric* (Archon Books, 1974 repr.)
76 Whitelock, D., *The Beginnings of English Society* (Penguin Books, 1971)
77 Whitelock, D., *English Historical Documents*, Vol. 1, c. 500 -1042 (Eyre & Spottiswoode, 1955)
78 Williamson, C. (ed.) , *The Old English Riddles of The Exeter Book* (The Univ. of North Carolina Press, 1977)
79 Willianson, C., *A Feast of Creatures Anglo-Saxon Riddle-Songs* (The Univ. of Pennsylvania Press, 1982)
80 Wilson, D., *Anglo-Saxon Paganism* (Routledge, 1992)
81 Zupko, R. E., *British Weights and Measures* (The Univ. of Wisconsin Press, 1977)

Dictionaries

82 Clark Hall, J. R. & Meritt, H. D. (eds.) , *A Concise Anglo-Saxon Dictionary* (Cambridge, 4th edition, 1960)
83 Cross, F. L.& Livingstone, E.A. (eds.) , *The Oxford Dictionary of The Christian Church* (Oxford, 3rd edition, 1997)
84 Ekwall, E., *The Concise Oxford Dictionary of English Place-namest* (Oxford, 1977)
85 Farmer, D. H., *The Oxford Dictionary of Saints* (Oxford, 1987)
86 Jones. B. & Mattingly, D., *An Atlas of Roman Britain* (Blackwell, 1990)
87 Lapidge, Blair, Keynes & Scragg (eds.) , *The Blackwell Encyclopaedia of Anglo-Saxon England* (Blackwell, 1999)
88 *Oxford English Dictionary* (Oxford, 1961)
89 Room, A., *Dictionary of Place-Names in the British Isles* (Bloomsbury, 1988)
90 Withycombe, E. G. *The Oxford Dictionary of English Christian Names* (Oxford, 3rd edition,1978)

※上記注及び参考文献の欧文著作中の EETS は The Early English Text Society の略、学術雑誌 *PMLA* は、*Publicatoins of the Modern Language Association of America* の略、*ASPR* は *The Anglo-Saxon Poetic Records*, (G. P. Krapp & E. v. K. Dobbie (eds.)) の略である。

あとがき

　叢書編集委員の先生から、高校生を含めて広く一般の読者にも理解できるような内容にして下さいというお達しを受けたときは、果たして書けるかどうか思い悩んだ。叢書の一冊という形で発刊する以上、私の専門分野に直結し古英語(1000年以上前の英語)の主題をそのまま書き記すでは、一般の読者の関心とはかけ離れることは自明なので、叢書編集委員の指示を当然のことと受け止めた。

　ある程度書きためた材料があったのでそれを読み返しながら、できるだけ専門的な内容や用語を避けながら、表題のテーマにどれほど接近できるか考え、当初の予定を少しずつ修正しながら書き始めた。私はアングロ・サクソンの言語、つまり古英語の詩的表現を専門に研究しているが、この時代の歴史、文化、社会などの分野を研究する専門家ではない。しかしアングロ・サクソンのことばを理解するにはその時代の文化を知ることもまた避けて通れない。古い時代であれ現代であれ、我々は一つの作品を理解するために、多くの歴史的、社会的、文化的背景に通暁しなければならない。

　1980年から1年間文部省の在外研究員としてケンブリッジ大学

で研究をする機会に恵まれ、日本では直接に見ることのできなかった写本や文献に接することができたのは望外の喜びであった。帰国後およそ二十数年間、研究テーマの中心は古英詩、とくに『出エジプト記』のテキスト解釈に関する多くの疑問の解明に取り組み、また叙事詩『ベーオウルフ』では、この詩に見られる独特なことばの反復問題などを研究の主題としてきた。留学中ケンブリッジの図書館では、自らの専門分野以外にアングロ・サクソン時代の文化の諸相を扱ったさまざまな研究論文や著作を読むことにもかなりの時間を費やした。これまではテキスト中心の研究の枠を超えられなかったが、多くの文献を読み、アングロ・サクソンの時代背景に触れたことはその後の関心の拡大に繋がった。結果的に文化史的な面の著作や論文にも気を配るようになり、この書物を書く糧となった。

　この二十数年間、アングロ・サクソン研究は目を見張るばかりの発展を示し、その成果が相次いで発表されてきた。とくに『アングロ・サクソン・イングランド』のシリーズは二十数巻に及び、また『ケンブリッジ・アングロ・サクソン研究』も同じように十数巻出版されている。その他海外の多くの研究誌に成果が掲載されている。同時に我が国の研究も海外で評価を得る事例も増えてきている。前掲の二つの叢書に掲載された論文には語学的問題と言うよりはむしろアングロ・サクソン文化全体に及ぶテーマが扱われている。このような著作に折に触れ書き留められたものが今回のおもな情報源となった。また本書には紀要及び論叢で書いた論文、「イギリス社会初期の復活祭と食の年代と月名について」(『横浜市立大学紀要』1994年、人文科学系列第1号「アングロ・サクソンの月

名」)と「アングロ・サクソンの国王の命名と意味」(『横浜市立大学論叢』2000年、人文科学系列第1・2合併号)から部分的に採られ組み込まれていることをお断りしておく。

　専門の周辺領域ではあるが、これまで学んだことを整理しておくのも必要と思うようになった。とくに平成5年度からは、国際文化研究科が開設され、将来広い視野からアングロ・サクソン文化についての演習、講義を担当する必要性があったことも、本書をまとめる契機となった。ただ一般の方々が理解できるように書けたかどうかは不安が残るが、責めは著者にあることは言うまでもない。専門用語はできるだけ避けるように配慮したが、それでも随所に見逃した点があると思う。ご批判を頂きたいと思う。
　2001年1月10日

宮崎　忠克

著者紹介

宮崎　忠克（みやざき　ただかつ）
1935年、東京都に生まれる。1958年、横浜市立大学文理学部外国語課程英文専攻卒業。1965年、東京都立大学大学院人文科学研究科英文学修士課程卒業。鹿児島大学教養部講師、同法文学部助教授等を経て、現在、横浜市立大学国際文化学部教授。
1980〜81年、ケンブリッジ大学客員研究員（所属クレアホール）。
専門は英語学、とくに英語史。

主要著作

『ロイヤル英和辞典』編集委員、旺文社、1990年。
『英語語源辞典』編集委員、研究社、1997年。
"sæmanna sið (479) and *Flodweard* in the Old English *Exodus*"『英語文献研究―小野茂博士還暦記念論文集』南雲堂、1990年。
"The Old English Exodus202: *Weredon wælnet*", *Studies in Medival English and Literature*, No.9, 1994, ほか。

横浜市立大学学術研究会

横浜市立大学叢書1
ことばから観た文化の歴史―― アングロ・サクソンの到来からノルマンの征服まで

2001年3月30日　初版第1刷発行　〔検印省略〕

＊定価はカバーに表示してあります

著者© 宮崎忠克／発行者 下田勝司

印刷・製本 中央精版印刷

東京都文京区向丘1-5-1　　郵便振替 00110-6-37828
〒113-0023　TEL (03)3818-5521代　FAX (03)3818-5514
E-Mail tk203444@fsinet.or.jp

株式会社 東信堂 発行所

Published by TOSHINDO PUBLISHING CO., LTD.
1-5-1, Mukougaoka, Bunkyo-ku, Tokyo, 113-0023, JAPAN

ISBN4-88713-387-1 C1322 ¥1500E

横浜市立大学叢書(シーガル・ブックス)の刊行にあたって

　近代日本は外来のモデルをいち早く導入することによって一流を維持できましたが、模倣の時代が過ぎ去った現代において、われわれは創造の試練をくぐり抜けなければなりません。知識人のあり方も、大学のあり方も、大きく変わっています。

　旧来のように社会から孤立する道をいち早く脱し、その逆に社会とかかわり、その荒波にもまれてこそ確たる真理を樹立でき、そうしてこそ学問の自由を守りぬくことができる、こうした時代になっていると思います。

　本学にはこの方向へと大胆かつ慎重に歩む教員が多数おります。また、その志を持つ教員の姿を目の当たりにする中で、優秀な学生が育っていくはずです。本学は教育・研究・社会貢献の三つの柱をともに重視していますが、教育と社会貢献の基盤もやはり研究にほかなりません。研究の質的向上なくしては、質の高い教育も社会貢献も達成しがたいと考えます。

　社会貢献の一端として本学の研究成果を広く学外に開放するため継続的に単行本を刊行しようという試みは、以前から何度かありましたが、諸般の事情から実現できませんでした。まさに21世紀の元年にあたって「横浜市立大学叢書」を刊行できたことに些かの感慨がないわけではありません。

　叢書の愛称シーガル・ブックスのシーガルはカモメであり、学生厚生施設の名称にも採用された、本学のロゴであります。もともとは校歌に「鴎の翼に朝日は耀よい……」(西条八十作詞)と歌われたことに由来します。横浜市の最南に位置する本学の金沢八景キャンパスは、海(東京湾)に近く、構内は緑の丘(斜面緑地)に囲まれ、研究棟の屋上にはトンビが営巣、海辺にはカモメが舞い、人口340万の大都会とは思えない、自然に恵まれた環境にあります。

　本叢書は毎年発行する計画ですが、10年、20年を経るなかで、連鎖的に大きな役割を発揮すると確信しています。編集の狙いは、平易に書かれた専門書、あるいは知的刺激に富む入門書を公刊することです。横浜市立大学叢書(シーガル・ブックス)は地域社会と人類社会への本学の貢献の一つです。厳しく暖かいご声援をお願いします。

平成13(2001)年　春　吉日

横浜市立大学学術研究会 会長
横浜市立大学 学長　加藤祐三